競争としてのマーケティング

Competitor-oriented Marketing

ジャック・トラウト[序文]

カリフォルニア大学バークレー校エクステンション認定マーケター
丸山謙治

SOGO HOREI PUBLISHING CO., LTD

序文 〜日本の読者へ〜

この度、長年のパートナーであったアル・ライズと私が提唱してきたマーケティング理念をわかりやすく説明した解説書が日本で初めて刊行されることになった。我々二人が一連の著書で語ってきたことが、この解説書を通して広く日本のビジネスパーソンの間に広まることは、私にとってこの上ない喜びである。

著者の丸山謙治氏は私の友人の一人であり、我々の3冊目の共著である『Bottom-Up Marketing』（日本語版タイトル『実戦ボトムアップ・マーケティング戦略』日本能率協会マネジメントセンター刊）の翻訳者でもある。同書の翻訳の際には、日本の読者の方々が我々のマーケティング理念をより深く理解できるようにと、彼が日本の事例を15個選び、文中の適所に加筆してくれた。

丸山氏は我々のマーケティング理念をよく理解しており、日本の読者を対象にした今回の解説書の執筆には最適な人物である。

我々がこれまでの著書の中で一貫して主張してきたことは、今日の超競争時代では、従来の顧客志向のマーケティングはもはや機能しなくなり、成功を勝ち取るためには競争志向にならなければならないということだ。

しかし、市場の大半が選択肢で溢れている日本においても、未だ多くの人の考え方が顧客志向であることは残念でならない。

本書が、日本の読者にとって大いに役立つことを願っている。

ジャック・トラウト

2016年9月

はじめに

「マーケティング・アレルギー」――こんな言葉を、ある取引先の人から聞いた。その人は、本やセミナーなどを通してマーケティングを学び、そのコンセプトを実践でいろいろと応用してみた。しかし、肝心な実績は一向にあがらず、むしろ逆に、何をしたらよいのかわからなくなってしまい、ついには「マーケティング」と聞くだけで拒否反応を起こすようになったというのだ。

この話を聞いたとき、私自身マーケティングの仕事に30年以上携わってきた者として、非常に残念であり、悔しい思いをした。

マーケティングは本当に無用の長物なのだろうか。私はそうは思わない。マーケティングが機能しなくなったのは、現在主流となっている「顧客第一主義」、すなわち顧客志向のマーケティングが限界を迎えているからだと考えている。

顧客志向のマーケティングが明文化されて半世紀以上が経った。「現代マーケティングの父」と言われるフィリップ・コトラーが定着させた顧客志向はマーケティングの代名詞ともなり、今では誰もが顧客第一主義を唱えて、「お客様は神様です」的な発想が成功につながると信じている。

ところが、このような顧客志向の一般化がもたらしたものは、成功ではなく、〝**類似品のジャングル**〟であった。スーパーやドラッグストア、家電量販店に行けば、同じような商品が所狭しと並んでいる。顧客志向の下、顧客の欲求を的確に満たす商品を市場に送り出したとしても、顧客にとっては数ある選択肢の一つでしかなくなってしまった。つまり、**顧客志向は、もはやマーケティングの〝切り札〟とはならなくなってしまったのだ**。

類似品のジャングルから抜け出す方法は、発想の転換である。いつまでも顧客志向にしがみついていると永遠に抜け出せなくなってしまう。しかし、書店で相変わらず幅を利かせているのは従来の顧客第一主義のマーケティング書であり、それらをいくら読んでも出口は見つからない。

ここに、アル・ライズ（Al Ries）とジャック・トラウト（Jack Trout）のマーケティング理念を学ぶ意味がある。二人は、「**マーケティングは〝アイデア〟を武器とした企業間の知的戦いである**」とし、「**Positioning（ポジショニング）**」という斬新な競争志向コンセプトを提唱して世界中で講演や企業コンサルティングを行ってきたマーケティングの革命児である。

日本でも彼らから強い影響を受けたビジネスパーソンは多い。中でも〝マーケティング・グル〟と呼ばれる魚谷雅彦氏（元日本コカ・コーラ会長、現資生堂代表取締役執行役員社長兼C

ＥＯ）、高岡浩三氏（ネスレ日本代表取締役社長兼ＣＥＯ）、星野佳路氏（星野リゾート代表取締役社長）等の日本のビジネスリーダーが、ライズとトラウトのマーケティング理念を取り入れて成功していることは注目に値する。

国を問わずビジネス界に大きな影響を与えてきた二人が唱えるマーケティングの目的は、顧客のニーズやウォンツを満たすことではない。**企業間競争を生き抜く**ことであり、従来の顧客志向とは発想が根本的に異なる。**マーケティングで戦場となる顧客の心の中に独自のポジションを築き、競合品との差別化を通して競争優位性を創り出す**彼らのマーケティング理念は、知力で他社を凌駕する〝**知的競争**〟**志向**なのである。

ライズとトラウトは、共同であるいは単独で数多くの書を記している。彼らのマーケティング理念は、それらの著書に脈々と流れているが、忙しいビジネスパーソンがそのすべての著書に目を通すことは容易ではなく、また著書によっては重複する部分もある。さらに、日本人にはあまり馴染みのない事例も頻繁に登場する。

そこで、多忙をきわめるビジネスパーソンでも短時間で読みこなせるように、ライズとトラウトのマーケティング理念のエッセンスを彼ら自身のメッセージを基に、日本の事例も交えてコンパクトにわかりやすく解説した。この83のメッセージで、読者のみなさんも発想の転換ができると信じている。

ライズとトラウトが第一作目『Positioning』(邦訳版『ポジショニング戦略』海と月社刊)を刊行して長い年月が経つ。だが、競争が起点である彼らのマーケティング理念は、競争が厳しくなればなるほど、つまり、顧客志向が一般化して各企業が横一線で死闘を演じる超競争時代に突入すればするほど、色あせるどころか、その輝きを増す。**今まさに、彼らのマーケティング理念がその威力を発揮するときなのである。**

本書が、顧客志向から競争志向へと発想の転換をする際の手引きとして、多くのビジネスパーソンに活用されることを祈ってやまない。

なお、本書で取り上げた83のメッセージにある引用文は、ライズとトラウトが執筆した原書(英文)より選び、彼らが意図するところを考慮して私が日本語に訳したものである。邦訳版からの部分的な抜粋ではないことを付け加えておく。

彼らの書はいずれも比較的平易な英文で書かれている。本書をきっかけに原書も一読していただければ、少しは二人に恩返しできたことになるのだが……。

2016年10月吉日

丸山謙治

「マーケティング界のレジェンド」、アル・ライズとジャック・トラウトとは

世界中のマーケティング担当者から、「マーケティングのバイブル」と呼ばれている書が2冊ある。1冊はフィリップ・コトラーの『マーケティング・マネジメント』(原題『Marketing Management』)。そして、もう1冊が本書で取り上げるアル・ライズとジャック・トラウトの共著『ポジショニング戦略』(原題『Positioning』)である。

この2冊の本はマーケティングのバイブル的存在という意味では共通しているが、対照的と言える点がいくつかある。

まず『マーケティング・マネジメント』の著者であるフィリップ・コトラーは、ノースウェスタン大学で長年教授を務め、国内外の大学から名誉博士号を授与されるなど、世界中で名の知れたマーケティング学者である。

アカデミックの立場からマーケティングを科学として論理的に構築し、「現代マーケティン

グの父」と呼ばれている。長年の研究を基に、マーケティングを学問的に体系化したのが『マーケティング・マネジメント』であり、言わば百科事典的な役割を担っている。これが、世界中の大学やビジネススクールで広くテキストとして使われている所以である。

一方、『ポジショニング戦略』の著者であるライズとトラウトは、自国アメリカのみならず海外でも頻繁に講演するなど、世界的に著名なマーケティング戦略コンサルタントである。二人はかつてトラウト&ライズ社を共同経営し、バーガーキング、チェースマンハッタン銀行、シティコープ、IBMをはじめ、アメリカを代表する企業のコンサルティングを行い、独立後も、それぞれが経営するコンサルティング会社で世界中から引く手あまたの人気ぶりだ。

プラクティカルな立場から大小問わず数多くの企業の戦略立案に携わり、その斬新な発想から、「現代マーケティングの革命児」と呼ばれている。自らのコンサルティング体験を基に、マーケティングの極意を実践的に法則化したのが『ポジショニング戦略』で、指南書的な役割を果たしている。これが、世界中のビジネスパーソンに長年読み継がれている所以である。

ライズとトラウトは、『ポジショニング戦略』を出版した後、『マーケティング戦争　全米No.1マーケターが教える、勝つための4つの戦術』（原題『Marketing Warfare』）、『実戦ボトムアップ・マーケティング戦略』（原題『Bottom-Up Marketing』）、『マーケティング22の法則　売れるもマーケ　当たるもマーケ』（原題『The 22 Immutable Laws of Marketing』）など、それまでのマーケティングの常識を打ち破る革新的な書を次々と世に送り出し、旋風を巻き起こしてきた。そして、いずれの書も多言語に翻訳され、中には10カ国以上で出版されているものもある。

彼らがこれらの著書で終始一貫して唱えているのが、「競争志向」「現場主義」そして「実践的」マーケティングであり、アカデミックな顧客志向型のマーケティングとはその本質を大きく異にする。このことが、実業界において多くの人々を惹きつけて止まない最大の理由だと言ってもいいはずである。

加えて、独特の言い回しでユーモアたっぷりに、かつ歯に衣着せず物事の本質をズバリとつく発言も、多くのファンを唸らせている。

日本でもこの二人から強い影響を受けたビジネスリーダーは多い。「はじめに」で挙げた魚谷雅彦氏（元日本コカ・コーラ会長、現資生堂代表取締役執行役員社長兼ＣＥＯ）、高岡浩三氏（ネスレ日本代表取締役社長兼ＣＥＯ）、星野佳路氏（星野リゾート代表取締役社長）以外にも、マーケティング担当者を中心に、絶大な人気を誇っている。

また、彼らの書を推奨する大手企業や団体もあり、社員向けの推薦図書、セミナーの指定図書、さらには大学のゼミの輪読書などにも使われている。

特記すべきは、『ポジショニング戦略』をはじめ、彼らの代表作が長い年月を経ても色褪せることなく読み継がれ、常にマーケティング書の売れ筋ランキングで上位に位置していることである。ＩＴ技術の発達により、マーケティングのツールは大きく変化した。しかし、競争を重視した彼らのマーケティング理念は普遍であり、超競争時代に突入した今日こそ、むしろその重要性が増している。

今なおマーケティングの第一線で活躍し続けるアル・ライズとジャック・トラウト。まさに、マーケティング界のレジェンドなのである。

本書の構成

本書は、アル・ライズとジャック・トラウトのマーケティング理念のポイントを読者に短時間でつかんでいただけるように、全体を大きく以下の7つのテーマ（章）に分けて、合計83のメッセージで構成した。

【第1章】 顧客志向ではなく、競争志向で考えよ

多くの市場は、顧客志向によってもたらされた類似品、すなわち競合品で溢れかえっている。このような状況の中、顧客志向はもはやマーケティングの〝切り札〟とはならなくなった。この章では、顧客志向が限界に来ている現状と、ポスト顧客志向としての競争志向の考え方を説く。

【第2章】　心を制する者がマーケティングを制す

マーケティングは企業間の知的戦いであり、その戦場は我々が決して見ることのできない、顧客そして見込み客の心の中である。マーケティングの戦場が心の中である限り、人間の心のメカニズム、つまり心の法則を知ることが成功のカギとなる。この章では、人間の心の法則を解き明かす。

【第3章】　マーケティングの要はポジショニングだ

モノや情報が氾濫している今日、競争志向のマーケティングにとって核となるのがポジショニングである。この章では、ライズとトラウトが世界で初めて提唱し、マーケティングに革命を起こしたと言われるポジショニングの概念とその実践法をわかりやすく解説する。

【第4章】　戦術が戦略を決定し、戦略が戦術を動かす

ライズとトラウトは長年のコンサルティング経験から「戦術が戦略を決定する」という革命

的な結論に達した。この章では、「戦略が戦術を決定する」という世間一般の通念とは相反する彼らのコンセプトの正当性、そして、彼らの理念における戦術と戦略のそれぞれの役割を事例を挙げて明確にする。

【第5章】 すべては「優勝劣敗」の定理に基づく

ライズとトラウトは、マーケティングは戦争だと明言する。戦争であれば、戦史や兵法書などに見られる戦争の原則が当てはまる。この章では、その原則の下、市場でのシェアによって企業を4つに分類し、それぞれのポジションでの戦い方と留意点を詳しく示す。

【第6章】 マーケティングの常識を疑う

日々の業務でマーケティングの常識として特に疑問を感じなかったことが、実は正しくないことがある。超競争時代では、間違った常識が時に致命傷となってしまう。ライズとトラウトは、競争志向の立場からマーケティングの常識の間違いを指摘し、それを正す。

【第7章】　マーケティングも人生と同じ

ライズとトラウトのマーケティング理念は実はマーケティングにとどまらない。マーケティングが人間を相手にしている以上、人間もまたその対象となる。この章では、その人間のエゴとプライドが渦巻く現代社会を生き抜くための人生訓を伝授する。まさに、目からウコロの金言である。

目次

第2章 心を制する者がマーケティングを制す

第3章 マーケティングの要はポジショニングだ

第4章 戦術が戦略を決定し、戦略が戦術を動かす

第5章　すべては「優勝劣敗」の定理に基づく

第6章 マーケティングの常識を疑う

第7章 マーケティングも人生と同じ

装丁デザイン　中西啓一（Panix）／本文デザイン　飯富杏奈（Dogs Inc.）／本文DTP・図表制作　横内俊彦

第1章

顧客志向ではなく、競争志向で考えよ

chapter 1

message 01

顧客第一主義は終焉を迎えた

"But it's beginning to look like King Customer is dead."(Marketing Warfare)

■変わるマーケティングのコンセプト

マーケティングは、時代により、また人によって、その定義が異なる。では、なぜこのようなことが起きるのだろうか？

アメリカで「マーケティングの天才」と称され、ペプシコーラ社長、アップルコンピュータ（現アップル）CEOなどを歴任したジョン・スカリーは、自伝『スカリー　世界を動かす経営哲学』（早川書房刊）の中で、マーケティングを次のように述べている。

「マーケティングも、単一の発想による理論や一連の技術よりも、態度や思考方法そのものに属する問題だ」

つまり、マーケティングは確立された学問などではなく、その本質は「**目的を達成するため**

の実践的な考え方であり活動」なのである。しかし、考え方というのは何もないところからは生まれない。考え方のベースとなるコンセプト（基本理念）が必要となる。そして、我々がマーケティングと呼んでいるのは、実質的にはこの**コンセプト（基本理念）**のことなのだ。

コンセプトは時代とともに、すなわち環境の変化とともに変わってきた。したがって、「マーケティング」という言葉（器）は変わらなくとも、マーケティングのベースとなっているコンセプト（中身）は変わってきたのである。

■顧客志向だけではもはや競争優位性はつくれない

ライズとトラウトが提唱するマーケティングとは、一言でいえば〝**競争志向**〟のマーケティングである。〝競争志向〟とついているのは、彼らのマーケティングのベースが競争に打ち勝つことを重点とするコンセプトとなっているからだ。

これに対して、現代マーケティングのベースとなっているコンセプトは〝顧客志向〟である。1950年代に米国GE社が年次報告書で最初に明文化したと言われて以来、顧客志向はマーケティングの代名詞となり、企業は進んでこのコンセプトを導入してきた。顧客第一主義がマーケティングの世界では一般的となり、多くの企業が顧客志向型のマーケティングを採用していった。

「ターゲットとする顧客及び見込み客の欲求をつかみ、その欲求を満たす商品を彼らに提供することを通して利益をあげる」という考えの下、どの企業も同じようにこぞって市場調査をし、ターゲットとする顧客のニーズやウォンツを見出しては、それを満たす商品を次々に開発して市場に送り出してきた。

その結果どうなったか。市場には同じような商品が乱立し、類似品が溢れかえってしまった。**もはや顧客志向はマーケティングにおいて競争優位性を生み出すコンセプトではなくなったの**である。

■顧客志向から競争志向へ、発想の転換が必要

ライズとトラウトは、1986年に刊行された『Marketing Warfare』（邦訳版『マーケティング戦争　全米No.1マーケターが教える、勝つための4つの戦術』翔泳社刊）の中で、「**第2次世界大戦以来、顧客第一主義がマーケティング界に君臨してきた。しかし、その顧客第一主義は終焉を迎えたという観を免れなくなってきている**」と警鐘を鳴らした。

今日ほどはまだ競争が激化していない時代に、顧客志向が機能しなくなってきたことをいち

早く見抜き、新たに競争志向型のマーケティングを提唱して、**競合及び競合品にもっと目を向けるべきであると**説いたのである。

ただし、当時は誰もが顧客志向を信奉し、目指していた。このような中で、彼らのマーケティング理念があまりにも先進的なポスト顧客志向であったため、マーケティングの革命児と賞賛される一方で、学者からは学術的ではないなどの理由で軽視されたこともあった。

しかし、マーケティングは学問ではない。実践で機能しなければ何の役にも立たない。顧客が欲するほとんどのモノはすでに市場に満ち溢れている現状を考えると、マーケティングのベースとなるコンセプト（基本理念）を、顧客の欲求を充足することに重点を置く従来の〝顧客志向〟から、**現存する類似品との競争の中でいかに自社及び自社品を選んでもらうかに重点を置く〝競争志向〟**にシフトしなければならないことは容易に理解できるだろう。発想の転換が必要なのである。

このことに気がつかず、あるいは気がついても旧態依然として顧客志向にしがみついていると、厳しい企業間競争に敗れて生き残っていけなくなる。このことをまずしっかりと認識しておく必要がある。

message 02

今日の市場は選択肢で溢れている

"What has changed in business over recent decades is the amazing proliferation of product choices in just about every category."(Positioning)

■類似品の山の前に辟易する消費者

スーパーマーケットや家電量販店、ドラッグストアなどに行って驚かされるのは、どこも品揃えが豊富なことだ。所狭しと商品は溢れかえり、どのカテゴリーにも類似品が山ほど存在する。買い物客は自らの欲求がより適切に満たされていると感じるよりも、目の前の選択肢の多さに、どれを選んだらよいのか戸惑っているのが実態である。

ライズとトラウトは、このような状況を見て、**「今日の市場は選択肢で溢れている」**と指摘している。まさに、市場には選択肢が多過ぎて、買い物客は選ぶことが楽しみではなく、むしろ苦痛となっているのだ。

■選択肢を増やすと、売上げは下がる？

コロンビア大学のシーナ・アイエンガー教授が行なった「選択」についての興味深い実験と研究で、選択肢が多過ぎるとどうなるのかを調べた実験が著書『選択の科学』（文藝春秋刊）の中で紹介されている。

ある店で、ジャムの試食コーナーを設置し、24種類のジャムが並べられたときと6種類のときとを比較した。24種類のときは、買い物客の60％が試食したが、6種類のときは40％しか試食しなかった。

この数字だけを見ると、選択肢が多い方がより多くの買い物客を惹きつけ、効果があるように思える。ところが、実際にジャムを購入した客の数を見ると驚くことになる。24種類のときは試食した客の3％しか購入しなかったのに対して、6種類のときは30％近くが購入したというのだ。

この数字を客数に直して比較してみよう。わかりやすくするために、買い物客の数（来店者数）を１００人とする。試食した客の数は、24種類のときは60％で60人、6種類のときは40％で40人だが、試食した客の内ジャムを購入したのは、前者が3％でわずか1・8人（約2人）、後者が30％で12人となる。

つまり、実際にジャムを購入した人数を比較すると、選択肢の少なかったときの方が多かったときに比べて6倍以上も購入者が多かったという結果になった。

市場が成長している段階では、市場を細分化してセグメントを増やし、それぞれのターゲットのニーズに応えるために次々と新商品を投入しても、市場が拡大することによりそれを吸収する購買力も大きくなっていった。

しかし、今日のように多くの市場が成熟化し、もはや市場の拡大が期待できないか、あるいは縮小する傾向にある状況では、ターゲットのニーズのわずかな差を見出すために市場をさらに細分化（つまり、サブセグメンテーションを行って）し、買い物客の欲求に細かく応えて品揃えを豊富にしても、需要を喚起するどころか、かえって逆効果となってしまう。つまり、前述のアイエンガー教授の実験で示されたように、**品揃えを増やし過ぎると逆に売り上げが下がってしまう**のだ。

■競合品との明確な差別化を打ち出せ

では、成熟期を迎えている多くの市場ではどうすれば良いのだろうか。市場に出回っている商品が売れているからという理由で、わずかな違いしか認知できないような改良品や二番煎じ的商品を出してさらに選択肢を増やすことは決して得策ではない。

むしろ買い物客が選びやすいように、そして、実際に選んでもらえるように、**新しいカテゴリーを創り上げて競合品との差別化を明確にする**ことだ。

競合品と明確に差別化できない商品を市場に送り出しても、その他大勢の中から抜け出すことはできず、やがて市場から消えていく運命をたどることになる。

message 03

競争のない市場などない

"There are no virgin markets."(Differentiate or Die)

■競争とは顧客の争奪戦である

「マーケティングは顧客と企業の二者間のゲームである」という妄想を抱いているビジネスパーソンが多い、とトラウトはため息をつく。このような夢の世界では、企業は顧客だけに注目し、顧客の欲求を充足する商品を開発して多くの利益を上げるためにマーケティング活動を行う。しかし、現実には、トラウトが明言するまでもなく、**「競争のない市場などない」**のである。

市場を構成する顧客、そして見込み客はみな、多かれ少なかれ競合からの影響を受けている。特に、規模の拡大が見込めなくなった多くの市場では、限られたパイの奪い合い、すなわち、顧客の争奪戦が日々繰り広げられている。

競合は虎視眈々《こしたんたん》と新規顧客獲得のチャンスを

狙っており、競合から好条件を提示されれば、顧客志向の下で長年忠実に仕えてきた顧客でさえ、明日は競合の顧客となってしまうこともあり得る。

携帯電話各社が、あの手この手で露骨に競合から顧客を奪い取ろうとする「乗り換えキャンペーン」を実施しているのは周知の通りである。その背景には、各社の通信サービスにはそれほど大きな差が見られず、長年の顧客であっても、競合から実利の大きい特典で勧誘されれば、競合の方になびいてしまうことを完全には食い止められない実態があるからだ。

■競争の中でどのように顧客の心をつかむか

顧客を奪い合う今日のマーケティングをゲームにたとえるならば、限られた椅子（顧客）を他の競技者（競合）と取り合う「椅子取りゲーム」に似ている。椅子の獲得競争に負ければその時点で退場となる過酷なゲームだ。また、一旦敗れて退場すると、敗者復活戦は望めない非情なゲームでもある。

競争のない市場などない。**競合がひしめく市場で、どのように顧客の心をつかみ、生き残っていくか**、これが今日のマーケティングの最優先課題なのである。

message 04

顧客を満足させることによって競争に勝つことはできない

"You can't win by pleasing the consumer."(Bottom-Up Marketing)

■簡単に真似される戦術の効果は一時的

ライズとトラウトは、顧客志向を全面的に否定しているわけではない。顧客を満足させることができなければ、その企業はやがて見捨てられてしまう。しかし同時に、**顧客を満足させるだけでは、もはや長期的な競争優位性を創り出すことはできず、企業間競争を生き残れなくなってしまう。**

二人は、アメリカの航空業界を例に挙げて説明している。

今では日本の大手航空会社をはじめ、世界中の航空会社で採用されているマイレージプログラム。そのプログラムを最初に始めたのは、アメリカン航空だった。会員に対しては搭乗距離に応じたポイント（一般的にマイル）が付加され、そのマイルに応じて無料航空券、座席アップグレード、その他特典などが提供される。

飛行機を利用する機会の多いビジネス客などにとっては、いろいろな特典が得られるため、常連客を満足させる上で効果のある顧客志向の戦術だと言える。しかし、このプログラムは競争志向という観点からは十分ではなかった。顧客を満足させたとしても、競合に簡単に真似をされてしまうからだ。

アメリカン航空がマイレージプログラムを始めると、競合も続々と同様のプログラムを導入し、アメリカン航空の一社独占ではなくなり、航空業界ではごく一般的なプログラムとなってしまった。

したがって、当初アメリカン航空が目論んでいた競争優位性は短期間で崩れ去り、飛行機を頻繁に利用する顧客だけが恩恵を受けるという結果になってしまったのである。

■差別的優位性を創れなかったマイレージプログラム

マイレージプログラムが競争上の観点から行き詰まったときに、次の一手を打ったのがアメリカン航空のライバル、デルタ航空だった。自社の会員や新規会員に対して、「トリプルマイレージ」ボーナスの付与を始めたのだ。

この新しい取り組みはどうなったか？　容易に推測がつくだろう。「トリプルマイレージ」ボーナスは、新規の顧客を獲得するには優れたアイデアであり、実際に新規顧客を惹きつけた。しかし、新規顧客だけではなく、競合の航空会社も同様に惹きつけ、デルタ航空の競合はアメリカン航空をはじめ、みなこぞってこのボーナスプログラムに飛びつき、ボーナスを会員に与えるようになったのである。

つまり、アメリカン航空のマイレージプログラム同様、デルタ航空の「トリプルマイレージ」ボーナスもまた競争志向に欠けていたため、顧客を満足させることはできたものの、簡単に真似をされて期待していた競争上の差別的優位性を創り出すことができなかったのである。逆に、企業にとってはコストアップの要因が残ることとなってしまった。

■顧客を満足させるだけでは不十分

このように、顧客に購入の動機だけを提供するような戦術・戦略は、すぐに真似をされてしまい、初期段階では発揮できた競争優位性も簡単に失われてしまう。むしろ、競争志向の下では、競合に簡単には真似をされない戦術・戦略こそ優れていると言える。

ライズとトラウトは「**顧客を満足させることによって競争に勝つことはできない。そのよう**

なやり方は忘れてしまいなさい。顧客を最も満足させるのは、商品をタダにしてしまうことだ」と述べ、凝り固まった顧客志向崇拝者を痛烈に批判している。**顧客を満足させるだけでは、もはや十分ではない。**

message 05

マーケティングの目的は企業間競争を生き残ることである

"Maybe marketing is war, where the competition is the enemy and the objective is to win the battle."(Marketing Warfare)

■顧客志向では競争に勝てない

顧客志向がマーケティングで主流になったことにより、今ではほとんどの企業が顧客志向のマーケティングに従事するようになった。このことは、自社のみならず競合もまた同じように、ターゲットとする顧客の欲求を見出し、その欲求を満たす商品を市場に送り出していることを意味する。そうでなくとも、欲求を満たす商品の開発に躍起になっているはずだ。

今日では顧客が欲しいと思われるモノはほとんどすべてが商品化され、満たされていない顕在的なニーズやウォンツなどはないと言っても過言ではなくなった。このような供給過剰、モノ余り現象の中で企業が生き残りをかけて戦っている超競争時代では、自社の商品が顧客のニーズを的確に満たしたとしても、顧客にとっては数ある選択肢の中の一つでしかなく、選んでもらえる保証などなくなってしまった。

「現代マーケティングの父」と呼ばれるフィリップ・コトラー博士の顧客志向を真っ向から批判した英国アルスター大学スティーブン・ブラウン教授は、著書『ポストモダン・マーケティング　顧客志向は捨ててしまえ！』（ダイヤモンド社刊）の中で、「誰もが例外なく顧客第一主義を主張し顧客を甘やかすことでは一致団結している世界で、競争優位をどうやって達成することができるのでしょうか」と問いかけている。

■顧客志向から抜け出すためには

皆が顧客志向で横一線となれば、そこから抜け出すために、競合他社よりも一歩先を行くコンセプトが必要となる。この意味で、ライズとトラウトが述べる競争志向は、アンチ顧客志向ではなく、**ポスト顧客志向**なのである。

競争志向とは、「**自社の商品が顧客にとって唯一の選択肢ではないことを十分に認識し、自社が置かれた競争環境を正確に把握したうえで、顧客の心の中で競合との差別化を通して顧客の心をつかみ、購入に結びつけ、そこから利益を上げるコンセプト（基本理念）**」と要約できる。

図表1　競争志向コンセプトVS顧客志向コンセプト

競争志向コンセプト

出発点		焦点		手段		目標
競争	➡	顧客の心の中での差別化	➡	戦術／戦略	➡	顧客獲得に基づく利益

By Kenji Maruyama

顧客志向コンセプト

出発点		焦点		手段		目標
ターゲットとする市場	➡	顧客のニーズ	➡	統合的マーケティング	➡	顧客満足に基づく利益

By Philip Kotler

顧客志向においては、その起点はターゲットとする市場であり、焦点はターゲットである顧客のニーズである。これ対して、競争志向では、その起点は**競争**であり、焦点は**顧客の心の中での差別化**となる（図表1）。

■顧客や自社以上に重要な競合の分析

ライズとトラウトは「**今日のような超競争時代で成功するためには、企業は競争志向にならなければならない**」と述べている。そのためには、**顧客や自社の分析以上に競合の分析が重要**となる。

にもかかわらず、相変わらずマーケティングが顧客志向に偏り、競争への対応が十分になされていないことに対して、ライズとトラウトは「**マーケティングの目的は企業間競争を生き残ることである**」とし、「**今日のマーケティングの本質はニーズやウォンツを満たすことではない**」ときっぱりと言い切る。

競合との戦いの中で、顕在的なニーズやウォンツを満たすことを否定しているのではない。しかし、かと言ってマーケティングの今日的な役割を取り違えてはならない。

超競争時代のマーケティングでは、「**企業間競争を生き残るためにはどうしたらよいのか**」を考えることが優先されるべきである。顧客志向のマーケティングに取り憑《つ》かれ、顧客には過剰なほどの注意を払うものの、競合への対応を蔑《ないがし》ろにすると、競争に敗れ、やがて市場から淘汰されてしまう。

message 06

厳しい企業間競争を生き残るためには、自社が何をしたいかではなく、競合が何をさせてくれるかを考えることだ

"It's not what you want to do, it's what your competition will let you do."(In Search of the Obvious)

■心の中の競合の分析から始まる

ライズとトラウトはこのように主張している。

「**企業が生き残るためのカギは、マーケティング計画を作成する際に、顧客及び見込み客の心の中に存在する競合の分析から始めることだ**」

ここが、顧客起点の従来のマーケティングとは大きく異なる点であり、彼らのマーケティング理念の根幹でもある。

戦術・戦略を創り上げる最初のステップに、マーケティング環境の分析がある。その際の代表的なフレームワークの一つが**SWOT分析**であり、自社の強み(Strength)と弱み(Weakness)及び市場の機会(Opportunity)と脅威(Threat)を分析する手法として顧客志向のマーケティングでは定番となっている。

しかし、競争志向の下でのＳＷＯＴ分析は、従来のものとはその方法において大きく異なる。自社のＳＷと言っても、**あくまで競合との相対関係において、何が自社の強みとなり、何が弱みとなるのかを分析する**ことである。

10万の軍勢を強みとして豪語する軍隊でも、15万の軍勢の敵に出くわせば、10万の軍勢はもはや強みではなくなってしまう。むしろ、軍勢では劣っても、機敏に動く機動力が強みとなるかもしれない。

トラウトはこう断言する。

「**厳しい企業間競争を生き残るためには、自社が何をしたいかではなく、競合が何をさせてくれるかを考えることだ**」

■競合次第で自社の戦略・戦術は変わってくる

２０１５年のラグビーワールドカップで、日本代表は歴史を変える偉業を成し遂げた。中でも、過去優勝2回を誇る強豪南アフリカを破ったことで日本のみならず世界中から注目され、試合翌日の新聞には「大金星」「奇跡」「歴史的大事件」「世紀の番狂わせ」などの見出しが並んだ。

体格差が実力に反映されるため、番狂わせが少ないと言われるラグビーで、両チームから発表された先発メンバーのＦＷ１人平均の体重差が８キロ、身長差では６センチも劣る日本代表が、南アフリカに勝利するとは誰も想像していなかった。では、なぜ日本代表は優勝候補の南アフリカに勝つことができたのだろうか。

日本代表のエディー・ジョーンズ元ヘッドコーチ（ＨＣ）は、試合前にこのように述べていた。

「ゴリアテ（旧約聖書に登場する巨人）に挑むようなもの。戦える武器を見極めて挑みたい」（２０１５年9月19日付「読売新聞」）

つまり、パワーで圧倒する南アフリカにまともにぶつかっても小柄な日本には勝ち目はない。相手のパワーに対して何をさせてもらえるのか、つまり力の強い相手に対してどのような武器（戦術）が有効なのかを見極めて戦いに臨まないと勝負にならないことを、この名将は述べたのである。

格上の相手に対してとれる策は自ずと決まってくる。体格で劣る日本は何をさせてもらえるのか。ジョーンズ元ＨＣが掲げたのは、日本独自の戦法「ジャパン・ウェイ」であった。それは、突進してくる一人の相手に対して二人がかりで食い止める強烈なタックル、速いテンポで球をつないで前進するパス、正確で成功率の高いキック、そしてそれらを支えるチームワークと運動量である。

これらを長期合宿で徹底的に鍛え上げ、実戦でその武器を有効に使うことにより南アフリカ

図表２　リーダー以外の企業のＳＷ分析の手順

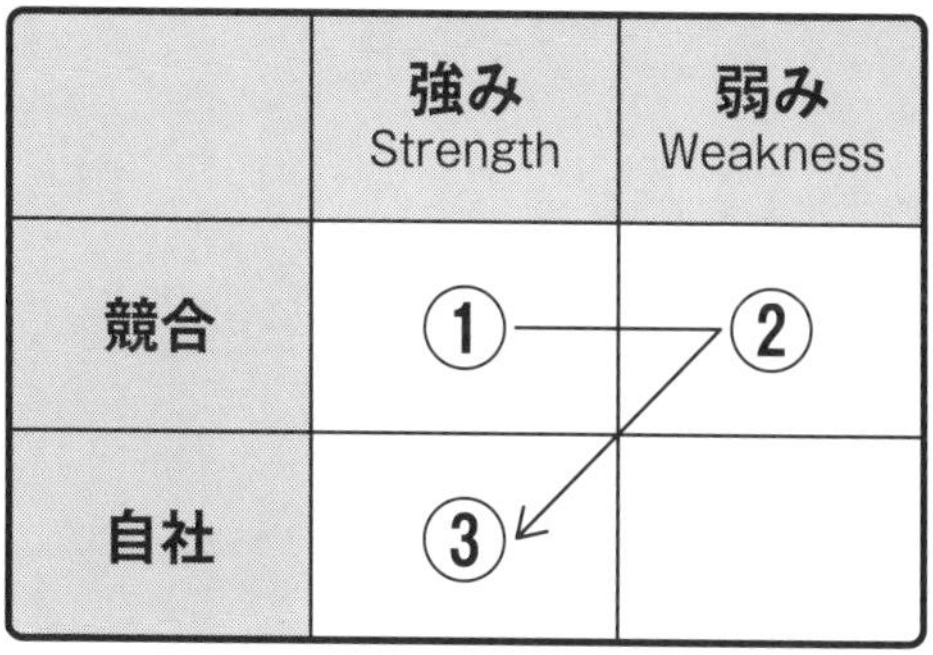

①競合の強み（Ｓ）を徹底的に調べ上げる
②その強みの裏に潜む弱み（Ｗ）を見つけ出す
③その弱みを攻める強みを築き上げる

の本領（パワー）を十分に発揮させなかったのである。したがって、緻密な作戦計画を立てたジョーンズ元ＨＣや武器を完璧なまでに使いこなした日本代表の選手にとっては、この勝利は奇跡でもなんでもなく、十分に予想できたのである。

　このように、戦いでは「自分が何をしたいか」ではなく、**「相手に対して何ができるのか」**、つまり**「何をさせてもらえるのか」**をまず考えることだ。

　自社で独自に何をしたいかを決められるとすれば、それは各業界のリーダーに他ならない。リーダー以外の企業にとっては、競合のＳＷによって自社のＳＷが決まる。そして、それに基づいて戦術・戦略を立てることが、勝利を引き寄せる最大の要因となる（図表２）。

message 07

最高のマーケティング書はクラウゼヴィッツの「戦争論」である

"We think the best book on marketing was written by a retired Prussian general, Karl von Clausewitz."(Marketing Warfare)

■マーケティングは〝戦争〟と心得よ

新聞のビジネス面を見ると、「主戦場　ネット通販に」「モバイル経済圏　争奪戦」「激戦　ゲーム業界」「緑茶戦争、再び」など、戦争をイメージするような見出しをしばしば目にする。

成長を続けてきた市場の多くが成熟化し、企業は限られたパイを奪い合う争奪戦の中で、まさに生き残りを賭けて日々競合と戦っている。これらの新聞の見出しは、このことを如実に物語っている。

ライズとトラウトはこう述べる。

「マーケティングとは戦争と言えるだろう。そこでの敵は競合他社であり、目的はその競合との戦いに勝つことである」

■戦史から学べるマーケティングの原則

マーケティングが戦争である以上、戦争に勝つための戦術及び戦略を学ぶ必要がある。

日露戦争で日本を大勝利に導いた日本海軍連合艦隊作戦参謀の秋山真之は、海軍大学校の教官をしていたとき、学生たちに戦術研究の心得を「兵理を会得しようと思うなら、多くの戦史と各種の兵書をよく研究するしかない」と語っていた。日本海海戦で連合艦隊司令長官の東郷平八郎がロシア艦隊に対して執った「丁字戦法」は、500年以上も前の瀬戸内海海賊の兵法書から秋山がヒントを得て考え出したものと言われている。日本海軍のこの大勝利は決して偶然や運だけの結果ではなかったのだ。

戦術・戦略を学ぶ上で、ライズとトラウトもこの秋山とまったく同じ考えを持っている。彼らの第2作目となる著書『Marketing Warfare』（邦訳版『マーケティング戦争　全米No.1マーケターが教える、勝つための4つの戦術』翔泳社刊）では、世界の戦争から多くのことを学ぶことができると指摘し、第1章で「戦争の2500年」と題して過去の主な戦争を取り上げ、それぞれの勝敗のポイントを解説している。

戦争を学ぶ良い方法は歴史（戦史）を学ぶことである。にもかかわらず、多くのマーケティング担当者が目先の忙しさにかまけてマーケティングの歴史を学ぶことに十分な時間を費やしていない現実を二人は嘆いている。

マーケティングの歴史を学ぶ際、**何が起こったのかということよりも、なぜそのような事態が起こったのかという観点から見る**ことだ。マーケティングに包括的な理論などない以上、そこから最高の教訓が得られるだろう、とライズとトラウトは指摘している。

「マーケティング戦争で勝つのは一体誰か？」という自らの問いに対して、「戦史から教訓を最もよく学び、アレクサンダー大王のように計画を立て、ナポレオンのように兵を操り、パットンのように戦うことを学んだマーケティング参謀だ」と答えている。

そして、最高のマーケティング書は、ハーバード大学の学者によって書かれたものなどではなく、プロイセンの退役軍人であるカール・フォン・クラウゼヴィッツが記した『戦争論』であるとしている。

この『戦争論』をはじめ、リデル・ハートの『戦略論』や中国の古典である『孫子』など、戦術や戦略を説く古今東西の兵法書が企業経営者やマーケティング担当者に読み継がれているのは、**戦争の本質は戦いに勝つことであり、兵法書が説く戦争の原則が、現代の経営やマーケティングにも適用できる**からである。

第2章

心を制する者がマーケティングを制す

chapter 2

message 08

マーケティングにおける戦場は、人の心の中である

"Marketing battles are fought inside the mind."(Marketing Warfare)

■まだ見ぬ戦場で行われる〝知的戦い〟

マーケティングは生き残りを賭けた企業間の熾烈な戦いであり、武力（剣）の代わりに知力（アイデア）を駆使して競う〝**知的戦い**〟である。戦いの質は異なるものの、戦いである以上、戦場が重要となることは言うまでもない。では、マーケティングの戦場とは、一体どこなのだろうか。

ライズとトラウトはこのように述べている。「マーケティングにおける戦いは、顧客のオフィス、あるいはスーパーマーケットやドラッグストアのような目で見える場所で行われているのではない。卑しく、そして醜い場所、つまり、あなた自身の、そして見込み客の心の中で行われているのだ。**心の中こそ、マーケティングに**

おける戦場である」

つまり、マーケティング戦争とは、**まだ誰も見たことのない戦場で繰り広げられる知的戦いそのものなのだ。**

■顧客の心のメカニズムを理解せよ

そして、ライズとトラウトは続ける。

「**その領土は、扱い難く、そして理解し難い**」

直接見ることのできない戦場の偵察は極めて困難である。人間の心の中を偵察する1つの方法は、マーケティング・リサーチを利用することだ。しかし、競争を起点とする競争志向の下では、リサーチの目的は従来のように顧客が何を欲しがっているのかを知ることではない。見込み客の心の中で、どの企業が、そしてどの商品がどのポジションを占領しているのかを見出すことだ。

つまり、**顧客そして見込み客の心の中で、競合はどのように位置づけられ、また自らはどのように位置づけられているのかを理解することによって、競合と戦う上で欠かせない戦場の配置図を作ることができる。**

戦場となる顧客そして見込み客の心の中で、競合とどのような力関係になっているのかを把握することによって、初めてどのような戦術や戦略がとれるのかがわかってくる。

また、マーケティングが顧客の心の中で行われている以上、その心のメカニズム、つまり**人間の心がどのように働くのか**ということを理解しなければ効果的な戦いはできない。特に、IT技術が発達して顧客や見込み客が情報過多の下に置かれている超競争時代では、**情報に対する心のメカニズム**を知っておくことは極めて重要となる。

message 09

人間の心が一度に記憶できる情報量はごく限られている（心の法則①）

"The human mind is a totally inadequate container."(Positioning)

■顧客の短期記憶に残ることが第一歩

ＩＴ技術の発達により、我々は日々莫大な量の情報に曝《さら》されている。言い替えれば、我々は情報が溢れかえっている社会で生きていることになる。しかし、人間の情報に対処する能力は以前と比べてほとんど変化していない。

では、人間が情報を処理するプロセスはどうなっているのだろうか。まず外部から得られた情報は、一時的に脳の中の「短期記憶」という貯蔵庫に保存される。そして、この「短期記憶」で処理され、通過した情報のみが永続的に情報を保存する「長期記憶」という貯蔵庫に送られる。逆に言うと、**「短期記憶」を通過しない情報は忘却されてしまう**。つまり、「短期記憶」とは人間の心の入り口のような場所である。

この「短期記憶」の特徴は、**情報を保有できる時間が極めて短い**こと、そして**保持できる情報量も極めて小さい**ことだ（図表3）。実際に記憶している時間は秒単位で、記憶容量も文字にすると10文字程度がやっとであると言われている。

■なぜ『七人の侍』は7人なのか？

ライズとトラウトは、ハーバード大学の心理学者であるジョージ・ミラー博士による説として、**一般の人間が一度に処理できる事項は7つまで**であると指摘し、「**人間の心が一度に記憶できる情報量は、ごく限られている**」と忠告している。

1週間は7日、虹の色は7色、七福神、七人の侍、白雪姫と七人の小人、世界の七不思議など、確かに覚えられる事柄は7つまでであることを示すかのように「7」という数字が使われているのがわかる。普段よく目にする郵便番号も7ケタだ。

また、極めて狭い心の入り口を通過するために、大きいサイズの情報はグループ化したり、単純化したりするなどの工夫がなされている。長い電話番号などは、080-○○○○-○○○○や03-○○○○-○○○○などのようにハイフンで分けてグループ化しているのもその一例である。

図表3　記憶のメカニズム

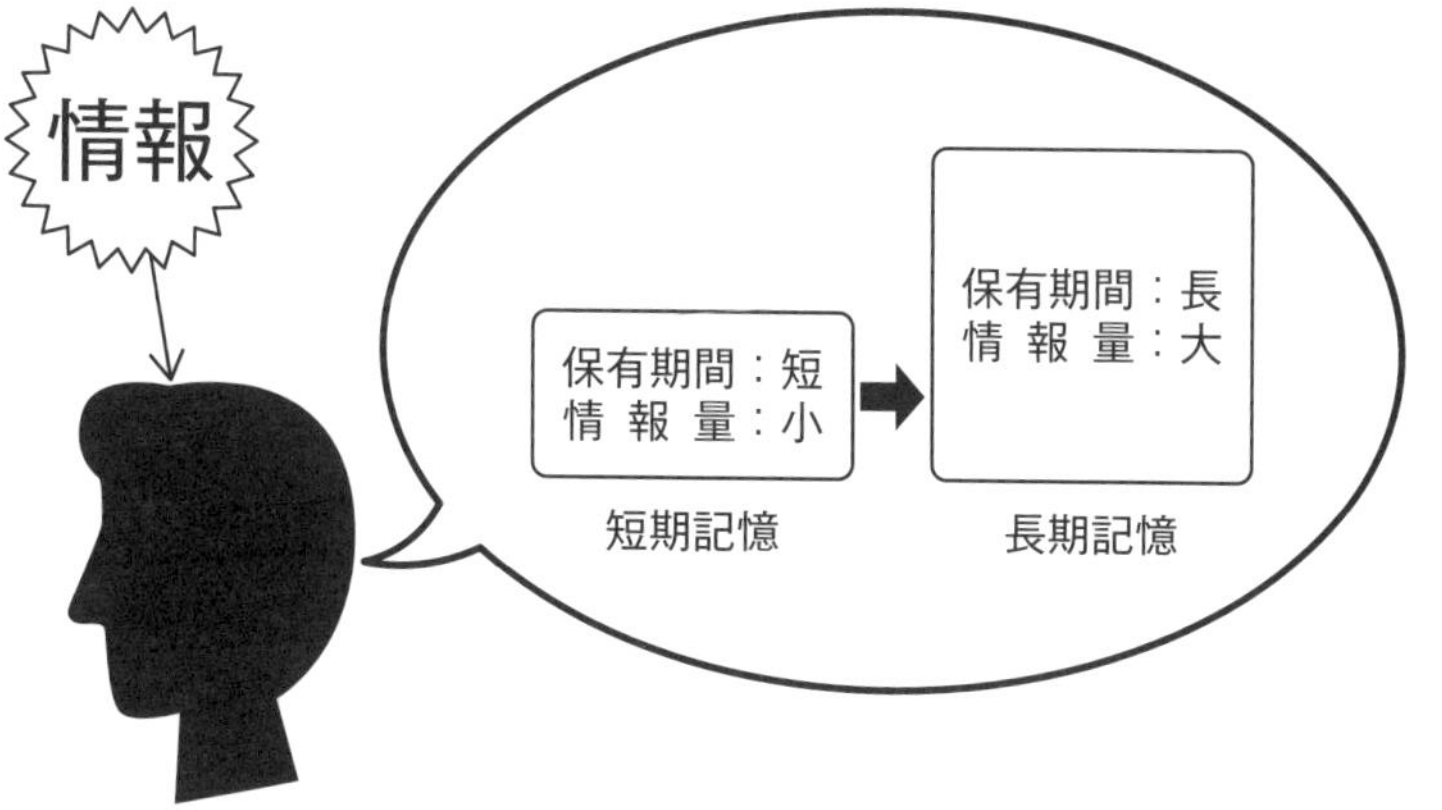

このように、短期記憶は極めて狭い入口であるため、広告などで一度に多くのことを訴えると「短期記憶」で処理できる限界を超えてしまい、入り口を通過できずに逆効果となってしまう。ここを通過するためには、**顧客へのメッセージは極力シンプルにしなければならない**。

message 10

人間の心は過去に得た知識や経験から判断できる情報しか受け入れない（心の法則②）

"In general, the mind accepts only that which matches prior knowledge or experience."(Positioning)

■新商品は特徴を説明しても響かない

ライズとトラウトはこう述べている。

「人間の心は過去に得た知識や経験から判断できる情報しか受け入れない」

たとえば、「身長67インチ、体重132ポンド」と言われて、どれくらいの高さや重さだか見当がつくだろうか。「身長170センチ、体重60キロ」と言われれば、一般の日本人なら理解できる。しかし、インチやポンドで言われるとわからない。それは、日本人はメートル法の知識はあっても、インチやポンドに関する知識や経験がないからだ。

今日の情報過多の時代では、氾濫している情報に対する防御措置として、**自分自身の知識や経験から判断できない情報を遮断し、拒否して**

しまう傾向がある。しかも、「**1人の人間の知識や経験は想像以上に限られている**」とライズとトラウトは指摘する。

この心のメカニズムは、マーケティング担当者にとって非常に重要なヒントを与えてくれる。現存しないまったく新しい商品を説明する際、見込み客の心の中にはその商品に関する知識や経験はない。したがって、その商品の特徴をあれこれ説明しても理解してもらえない。このようなときには、**すでに人の心の中にある知識や経験に関連づけて説明することだ**、とライズとトラウトは述べている。

■テープレコーダーは「声のカメラ」

これに関してはいくつもの実例がある（図表4）。

自動車が初めて誕生したときに、「自動車」という乗り物をまったく知らない人に対して、エンジンがどうのこうのと説明しても、見たこともないものはピンとこない。そこで、「馬のいらない馬車」（horseless carriage）と呼んで説明した。当時の乗り物の主流であり、皆が知っていた馬車に関連づけて説明したのだ。

国内に目を向けると、この心のメカニズムをうまく利用したのが日本初のテープレコーダー

図表4　新商品のわかりやすい説明

自動車＝馬がいらない馬車

テープレコーダー＝声のカメラ

第三のビール＝エンドウ豆のビール

すでに心の中にあるものに関連づけて表現する

を開発した東通工（現ソニー）である。音声を記録する機器は今ではどこでも見られるが、当時はまだ日本では見かけない機器だった。このような中、新商品であるテープレコーダー（東通工は「テープコーダー」と呼んだ）を宣伝するために、広告に「声のカメラ」というキャッチフレーズを使用した。テープレコーダーがどんなものであるのかを示すために、当時皆がよく知っていたカメラ（記録する機能）に関連づけて、記録する対象が画像であるカメラに対して音声を記録するのがテープレコーダーであることを示したのである。

東通工が使用した当時の広告を見ると、商品写真（といっても見ただけではその機能はわからない）とこのキャッチフレーズ、そして価格を表示するに止まり、テープレコーダーがどのような商品なのかということは一切説明がない。それでも、「声を記録する機器」であることは、一般大衆にも容易にわかったはずである。

また、2004年にサッポロビールがエンドウ豆を使ったまったく新しいアルコール飲料「ドラフトワン」を世に送り出したときに、顧客が理解できるように、マスコミや販売店などは「第三のビール」とか「ビール風アルコール飲料」と呼んだ。多くの人が知っている、あるいは飲んだことのあるビールに関連づけて表現することによって、顧客もその情報を受け入れ、どんなものか察しがついたのである。

message 11

人間の心は一旦固まってしまうと、それを変えることはまずできない（心の法則③）

"Once a mind is made up, it's almost impossible to change it."(Positioning)

■人は自分を否定されることを好まない

マーケティングにおいて最も無駄なことは、すでに固まってしまった人の心を変えようとすることだ。ライズとトラウトは繰り返しこう述べている。

「人間の心は、一旦固まってしまうと、それを変えることはまずできない」

比較的高価な商品を数ある選択肢の中から選ぶとき、事前に集めた情報を比較検討し、また実際に試すなどしてどれにするか決めるのが一般的だろう。そして、これにしようと一旦心が固まってしまうと、その決定を変えることはまずない。決めるまでに、時間をかければかけるほど、そうなる。

このことを知らずに、すでに決めた人に対して、他の選択肢の利点などを並べてその決定を変えさせようとすると、むしろ反感を買ってしまう。言われた方は、自分の考えや判断を否定されたような気持ちになるからだ。

人間は誰しも自分が否定されることを好まない。むしろ、自分の考えや判断にマイナスとなるような情報を排除し、自分の決定に有利な情報を集める。さらには、自分の決定の正当性を裏づけるような情報を収集しては安堵し、自分が変わるどころか、ますます堅固になっていく。少しぐらい良い商品が提案されても、一度決めた商品を捨ててまで乗り換えるようなことはまずしない。

■betterではなく、newを訴える

では、一旦心が固まってしまった人の心の扉を開くにはどうすればよいのだろうか。「**人は自分の考えを変えようとする意見には反発するが、自分の知らない、新しいことには耳を傾ける。時代に取り残されたくないと思っているからだ**」とライズとトラウトは説明する。

そして、人の心の中に入っていくには、既存品よりも「より良い（better）商品」ではなく、既存品とは異なる「**新しい（new）商品**」として訴えることだと力説している。見込み客が、その新しさに価値を見出せば受け入れてくれる。

message 12

客観的事実などない。“知覚”がすべてである

“There is no objective reality. All that exists in the world of marketing are perceptions in the minds of the customer or prospect.”(The 22 Immutable Laws of Marketing)

■ 客観的な「最高の商品」など存在しない

マーケティングは商品の戦いであり、最終的には最高の商品が勝ち残ると思っている人が多い、とライズとトラウトは指摘する。

しかし、実際には客観的な事実があるわけでも、最高の商品があるわけでもない。**マーケティングの世界で存在するのはただ一つ、顧客や見込み客の心の中にある〝知覚〟だけだ。**これがライズとトラウトのマーケティング理念の根底にある。

したがって、マーケティングで重要なのは、事実はどうなのかではなく、顧客がどのように感じ取るかであり、「**マーケティングとは知覚の戦いである**」と繰り返し主張している。

知覚とはあくまでも個人の認識であり、事実

とは必ずしも一致するわけではない。だが、心の中で知覚と事実が同化し、知覚がその人にとっての現実となってしまう。そのため、**マーケティングとは知覚を操ること**だとも言える。

■マーケティングでは、知覚が事実より優先する

１９８６年、アメリカで「アキュラ」（ＡＣＵＲＡ）という車が発売された。そして、発売を開始した年には、早くも自動車ブランド別の顧客満足度調査において第１位となり、以後５年間連続して第１位を獲得して高い評価を得た。

このアキュラこそ、ホンダが高級車市場へ参入するために送り出した新しい高級車ブランドであった。では、なぜホンダブランドではなく、まったく別の「アキュラ」というブランドにしたのか？

ホンダは、二輪車の販売に続き、低燃費を売りにした小型車シビックでアメリカ自動車市場に進出して大成功を収めた。その後、オハイオ州の自社工場でアコードの現地生産も開始し、ホンダブランドはアメリカで揺るぎないものとなった。

しかし、このことがホンダが高級車市場へ進出する際にむしろ障害となってしまった。つまり、アメリカ人からは、ホンダはシビックやアコードに代表される大衆車として知覚されてい

たからだ。

このような状況の中、どんなに最高の車を世に送り出したとしても、ホンダブランドでは高級車ではなく、大衆車と知覚されてしまう。そこで、ホンダをまったく連想させないアキュラとネーミングし、ホンダとは別の独立したディーラー網を通して販売を開始したのである。

このアキュラの成功は、日本の自動車メーカーによる高級車ブランドの先駆けとなり、トヨタのレクサスや日産自動車のインフィニティがこれに続くことになる。

一方で、この高級車をアキュラではなく、ホンダブランドで販売した国もある。ホンダブランドに対する知覚の違いであり、事実（車）は変わらなくても国によって知覚が異なるためだ。

マーケティングでは、知覚が事実より優先する。

message 13

人の心の中に入り込む簡単な方法は“一番手”つまり先駆者となることだ

"The easy way to get into a person's mind is to be first."(Positioning)

■〝一番手〟の優位性

見込み客の心の中に自らの商品のポジションを確立するためには、まず心の中に入り込まなければならない。ライズとトラウトは言う。

「人の心の中に入り込む簡単な方法は、〝一番手〟つまり先駆者となることだ」

〝一番手〟とは、「世界初」「日本初」「業界初」などがつく先駆者である。一番手が人間の心にいかに強いインパクトを持っているか、例を挙げればすぐに理解できるだろう。

世界初のカップ麺は？　日清食品のカップヌードルと思いつく人は多いはずである。では、二番目に発売されたカップ麺は？

日本初のドーム球場は？　答えは東京ドーム。では、二番目のドーム球場は？　一番手は答えられても、二番手を答えられる人はそう多くはいない。つまり、**二番手、三番手では、人の心の中に入り込むのが非常に難しい。**

■二番手は新しいカテゴリーをつくって一番手となれ

では、二番手、三番手の場合は、どうすれば良いのだろうか。二番目のドーム球場は福岡（現ヤフオク）ドームだが、この球場が人の心の中に入り込むことができたのは、日本で二番目のドーム球場としてではなく、日本初の開閉式屋根を有するドーム球場としてである。一番手でなければ、一番手となれる新しいカテゴリーを創り上げることだ。

競争が激化する市場において、新しいカテゴリーを創り、そこで一番手となって大ヒットした車がある。スズキの「ハスラー」だ。低価格や実用性が受けて客層を広げていった軽自動車市場では、当時スズキとダイハツの2強に、ホンダ、日産、三菱自動車（後に日産の傘下に入る）を加えた5社で、限られたパイを狙って熾烈な競争を展開していた。

軽自動車の主力は、実用性を重視した「ハイトワゴン」と呼ばれる背高のタイプで、スズキの「ワゴンR」とダイハツの「ムーヴ」が先行し、そこにホンダの「N－ONE」が参入してしのぎを削っていた。

このような状況の中、スズキは軽本来の実用性に加えてレジャーなどの遊びでの利用を提案する新しいタイプの車「ハスラー」を開発し、主流のワゴンタイプと多目的スポーツ車（SUV）とを融合させた「クロスオーバー」という新しいカテゴリーを創り上げた。

広告では、キャンプやアウトドアスポーツなどで使うレジャー用品を散りばめて「ハスラー」の車形に見えるように配列し、「遊べる軽、出た！」と謳って、従来にはない遊び心のある新しいカテゴリーの軽自動車であることを印象づけた。これが若者や中高年層に受け、発売当月には月販売目標の5倍にあたる2万5000台以上の受注があり、生産が追いつかない状態となった。そして、「ハスラー」の販売を開始した年には、スズキは8年ぶりにダイハツから国内軽自動車販売台数の首位の座を奪還することになる。その原動力の一つとなったのが、新しいカテゴリーでの一番手として大ヒットした「ハスラー」であることは間違いない。

首位の座を奪われたダイハツは、スズキが創り上げた「クロスオーバー」という新しいカテゴリーを無視することはできなくなり、後追いでそのカテゴリーに新型軽自動車「キャスト」を送り込むことになる。

二番手、三番手では人の心の中に入っていくことは難しい。一番手となることだ。一番手となれなければ、新しいカテゴリーを創り上げてその中で一番手となることである。**一番手の威力は想像以上である**ことを、ライズとトラウトは繰り返し述べている。

message 14

"一番手"であることを顧客の心の中に焼きつけなければならない

"Being first in the mind is everything in marketing."*(The 22 Immutable Laws of Marketing)*

■単に一番手では不十分

世界初の缶コーヒーは？　シェアトップの「ジョージア」と答える人が多いのではないだろうか。しかし、正解は「UCCミルクコーヒー」。

ではなぜ、缶コーヒーの一番手を正しく答えられる人が少ないのだろうか。それは、「UCCミルクコーヒー」が事実上の一番手でありながら、顧客の心の中に「缶コーヒー」というポジションを最初に創り上げることができなかったからである。

ライズとトラウトは言う。

「〝一番手〟であることを、顧客の心の中に焼きつけなければならない」

つまり、単に一番手であるだけでは十分ではない。**顧客にそのカテゴリーでの一番手である**

ことを鮮明に印象づけ、一番手として明確に知覚されなければならない。これに失敗すると、自らが苦労して創り上げた新しいカテゴリーで、後発に対しての「一番手としての優位性」を失ってしまう。

■事実上の一番手より、顧客の心の中の一番手となるほうが重要

ビール系飲料市場において、「発泡酒」と「第三のビール」というカテゴリーでのそれぞれの一番手は、サントリーの「ホップス」とサッポロビールの「ドラフトワン」であった。しかし、「ホップス」は発泡酒市場から撤退し、「ドラフトワン」も第三のビール市場において発売の翌年には後発のキリンビールの「のどごし〈生〉」にトップの座を奪われてしまった。

両者とも顧客の心の中で確固たる一番手となる前に、競合の攻勢を受けて顧客の心から追い出され、一番手の威力を失ってしまったからである。その結果、それぞれのカテゴリーにおいて初期のみの成功で終わってしまったのだ。

事実上の一番手であることよりも、顧客そして見込み客の心の中で一番手となることの方がマーケティングではより重要となる。

message 15

心の中に新しいアイデアや商品を吹き込むには、すでに心の中に陣取る古いアイデアや商品をまず追い出すことだ

"To move a new idea or product into the mind, you must first move an old one out."(Positioning)

■「地球は平ら」を覆した科学者の苦労

アメリカ大陸を発見したコロンブスが「世界は丸い」と主張したのに対して、大衆は「そんなことはない。世界は平らだ」と反論した。地球が丸いことを大衆にわからせるため、15世紀の科学者は、地球が平らではないことをまず証明しなければならなかった。

科学者が示した事実はこうだ。航海中に船乗りが目にするのは、近づいてくる船がマストの上の部分から見え始め、次に帆、そして船体と徐々に見えてくること。もし地球が平らであったら、船は一度に全体像が見えてくるはずであると。

■「さよならWAX」でトップの座へ

顧客の心の中に陣取る商品を追い出すことによって、爆発的にヒットしたのが資生堂の男性用整髪料「ウーノ　フォグバー」である。男性用整髪料市場では当時ワックスタイプが主流で、そのワックスタイプの代表格である「ギャツビー」を擁するマンダムが市場の約5割のシェアを握っていると言われていた。

このような中、資生堂が発売した「ウーノ　フォグバー」は、従来にない霧吹きタイプで、髪を固めるワックスタイプと違って滑らかに整髪できるため、触ってもベとつかず、洗い流しやすい利点があった。

一方、見込み客の心の中に君臨するワックスタイプは10年以上続いたこともあり陰りが見え始め、男性用整髪料市場は前年の実績を割り込んでいた。そこで、資生堂はワックスタイプはもはや旧式であると位置づけ、「ウーノ　フォグバー」の宣伝で「さよならWAX」と謳ったのである。主流の商品（ワックスタイプ）を見込み客の心の中からまず追いやり、その上で新商品（霧吹きタイプ）を紹介したことで、発売からわずか1カ月で年間目標の販売数量を達成し、3カ月後には「ギャツビー」からトップの座を奪うまでになったのである。

ライズとトラウトは言う。

「心の中に新しいアイデアや商品を吹き込むには、すでに心の中に陣取る古いアイデアや商品をまず追い出すことだ」

message 16

見込み客の心の中に隙間を見つけるためには、主流を追いかけるのではなく、逆に考えてみる

"To find a creneau, you must have the ability to think in reverse, to go against the grain."(Positioning)

■後発は主流の後追いでは勝てない

見込み客の心の中に入っていこうとしても、競合がすでに見込み客の心を占領してしまっていると、隙間がなかなか見つからない。

後発の企業は、自社の商品の価格を下げたり、新たな機能をつけるなど「より良い」的な発想で心の中に入り込もうとする。その結果、競合との体力の消耗戦に巻き込まれ、市場から撤退という事態を招くことも多い。

ライズとトラウトは述べる。

「見込み客の心の中に隙間を見つけるためには、主流を後追いするのではなく、逆に考えてみることだ」

■高機能とは逆の使いやすさを追求して成功

スマートフォン以前の携帯電話（いわゆるガラケー）が全盛期の頃、携帯電話の主流は高機能化だった。各社とも高機能化競争にしのぎを削っていたが、高機能になればなるほど操作が複雑になるため、逆にそれについていけない顧客層も出てくる。つまり、複雑な操作が苦手で音声通話だけで十分事足りる顧客層が取り残される格好になってしまったのである。

その高機能化の逆を狙って、機能を音声通話だけに絞った携帯電話（ツーカーS）を市場に送り出したのが、当時携帯電話4社中シェア最下位のツーカーグループ（後にKDDIと合併）だった。

音声通話機能以外はすべて取り除き、シンプルで使いやすさにこだわった戦術は、主流の高機能化とはまったく逆であり、だからこそ「カンタンケータイ」として見込み客の心の中の隙間に入り込めたのである。

これにより、携帯電話を持たなかった高齢者の支持を集め、発売月には2年7カ月ぶりに加入純増数がプラスに転じ、「ツーカーS」はシンプルで使いやすい携帯電話の代名詞ともなったのである。

message 17

見えると心の中で期待した通りに見える

"You see what you expect to see."(Positioning)

■客観的事実よりも顧客にとっての現実

ある興味深い話が『パラダイムの魔力』(ジョエル・バーカー著 日経BP社刊)で紹介されている。

米国フロリダ州での話。あるアメリカ人がマイアミ・ビーチ沖でスキューバ・ダイビングを楽しんでいた。水深50メートルまで潜ったところで、バドワイザー(アメリカの代表的なビール)の空き缶を見つけ、その缶の赤いデザインが鮮明に見えた。

ところが、光スペクトラムの赤色は水深50メートルまでは達しないため、この深さではすべてが青っぽく見え、絶対に赤は見えないことがわかっている。つまり、見えるはずのない赤が見えたというのだ。

では、どうして、このアメリカ人にはバドワイザーの缶が赤に見えたのだろうか。それは、そのアメリカ人が、バドワイザーの缶は本来赤のデザインであることを知っていたからであり、心の中で赤だと期待した通り、彼には赤に見えたのである。

ライズとトラウトは「見えると心の中で期待した通りに見える」と指摘する。**マーケティングにおいて客観的な事実は重要ではない。**顧客の過去の体験や学習に基づく先入観や期待から、事実は必ずしも現実とはならなくなる。**注目すべきは、顧客や見込み客にとっての現実であり、客観的な事実ではないのだ。**

■顧客の思い込みが現実となる

知覚の重要性を示すアメリカでの例をもう一つ。

アメリカで初めてインスタントコーヒーが紹介されたときのこと。簡単に飲めるコーヒーとして売りに出されたが、コーヒーの愛飲家からは強い抵抗に遭った。インスタントコーヒーは美味しくない、コーヒー豆から淹れる従来のコーヒーの方がずっと美味しいとの理由で、インスタントコーヒーを敬遠して飲まない人が多くいた。

ところが、目隠し調査（目隠しをして味を比較するテスト）では、味の違いがわかった人はわずかだった。つまり、多くの人がインスタントコーヒーなのか従来のコーヒーなのか、味だけでは区別がつかなかったのである。コーヒー豆から淹れて飲んでいたコーヒー愛飲家にとっては、大量生産した粉を溶かすだけのようなインスタントコーヒーは不味いに違いないという自らの思い込みで、「不味いと期待した通りに不味い」コーヒーとなってしまったのである。

心の中で期待したことが現実となる。

message 18

他者の評価に基づいて購買の判断をすることがよくある

"What makes the battle even more difficult is that customers frequently make buying decisions based on second-hand perceptions."(The 22 Immutable Laws of Marketing)

■顧客は他人の評価に影響を受ける

商品の広告で「おかげさまで売り上げナンバー1」「～支持率ナンバー1」などと謳った宣伝文句を目にすることがある。このような広告を見ると、つい買いたい気持ちになる。最も売れているということは、多くの買い物客がその商品が優れていると評価した証拠であり、その商品を買えば間違いないと思うからだ。

ライズとトラウトは言う。

「他者の評価に基づいて購買の判断をすることがよくある」

テレビで「行列のできるお店」などと紹介されると、その店ではますます行列が長くなる。行列ができるということは美味しいからに違いない、と自分は食べたことがなくとも、他人の評価を信じてその店に行くのだ。

また、ネットで飲食店や宿を探すとき、利用客の評価や書き込みが決め手となって選ぶことがよくある。まったくの他人であっても、利用者の評価を信じているのだ。このため、利用者と偽って事実とは異なる高い評価や書き込みを意図的に掲載して集客に努める飲食店も出てくる。

■なぜ企業は取引実績をアピールするのか

Ｂ２Ｂ（企業間取引）においても同じことが言える。契約までなかなか至らなかった商品・サービスが、業界で権威ある一流の企業に採用されると、それが引き金となって他社からも採用されるケースがある。あの一流企業が採用したのだから品質的にも社会的信用度も間違いないだろうと、先に採用した企業の評価が決め手となる。カタログなどに採用実績のページを設けて、その商品を採用した企業を列挙するのもこのためだ。

人は自分で判断しているように見えて、実は他人の評価に頼っていることが多い。

第3章

マーケティングの要はポジショニングだ

chapter 3

message 19

ポジショニングとは、商品に対して何かをすることではなく、見込み客の心に対して働きかける行為である

"Positioning is what you do to the mind of the prospect."(Positioning)

■見込み客の心に働きかける

ライズとトラウトを世界的に有名にしたのが、彼らの共著第1作目『Positioning』（邦訳版『ポジショニング戦略』海と月社刊）である。

同書の冒頭で彼らはポジショニングを以下のように定義している。

「ポジショニングとは、商品とともに始まる。ここで言う商品とは、製品、サービス、会社、団体、あるいは、人、あなた自身かもしれない」

そして、さらに続けて、**「しかし、ポジショニングとは、商品に対して何かをすることではない。見込み客の心に対して働きかける行為である。すなわち、見込み客の心の中に、その商品の明確なポジションを築き上げることだ」**と述べている。

■顧客とのコミュニケーション上の新しいアプローチこそポジショニング

彼らのこのコンセプトの背景にあるものは、顧客志向をベースにしたマーケティングによってもたらされた「類似品の氾濫」とＩＴ技術の発達による「情報過多」である。

多くの市場が成長期から成熟期へと移行し、また人口減少もあり、市場規模の拡大が見込めなくなった。このような状況にもかかわらず、わずかな差異しか知覚できないような類似品が次々と市場に送り込まれるため、自社の商品は顧客そして見込み客にとっては、数ある選択肢の一つでしかなくなってしまったことはすでに述べた。

また、インターネットの普及により、以前では考えられないほどの膨大な量の情報が場所や時間を問わず行き交うことになり、自らが発したメッセージも巨大な情報の海に簡単に飲み込まれてしまうのだ。

このように厳しさを増す競争環境の下、マーケティング上の最大の課題は顧客や見込み客とのコミュニケーションの方法となった。そして、**コミュニケーション上の新しいアプローチこそが、彼らが提唱するポジショニングなのである。**

しかし、この新しいアプローチの基本は、ゼロから新しく、異なったものを創り上げることではない。前章で述べた「心のメカニズム」に基づき、「**心の中にすでに存在しているものに結**

びつけてポジショニングすることだ」と二人は述べている。

アップルの創業者・故スティーブ・ジョブズは、「ｉＰｏｄ」を「21世紀のウォークマン」とポジショニングした。その後の躍進は歴史が物語っている。

message 20

ポジショニングは、ハードセル・コンセプトだ

"How did a hard-sell concept like positioning become so popular in a business noted for its creativity?"(Positioning)

■ 見込み客の心の中に売り込む

マーケティングのベースとなるコンセプト（基本理念）は時代とともに変化してきたことは第1章で述べた。そのコンセプトを分類すると以下の5つに代表される。

最初のコンセプトは生産の向上を第一とする**生産志向**（Production Concept）、続いて高品質の製品を生産することに焦点を置く**製品志向**（Product Concept）、強烈な販売活動が重要であるとする**販売志向**（Selling Concept）、顧客のニーズ・ウォンツを満たす商品を提供する**顧客志向**（Marketing Concept）、そして、最近では社会全体の利益や幸福の長期的な向上も考慮に入れた**社会志向的顧客志向**（Societal Marketing Concept）である。

ライズとトラウトは、**「ポジショニングは、ハードセル・コンセプト（Hard-sell Concept）だ」**と述べている。彼らが提唱するハードセル・コンセプトとは、第2章で説明した「心のメカニズム」を利用して、**並み居る競合を相手に自らの商品を見込み客の心の中に売り込む**ことである。類似品が乱立する超競争時代では、**商品そのものよりも、売り込み方（ポジショニングの仕方）によって売れ行きが大きく異なってくる。**

■〝知力〟で競合を凌駕する

ただし、「売り込む」と言っても、強力な販売活動を主眼にした先の販売志向や、俗にいう押し売り販売の類ではない。見込み客の心に働きかけ、敵対する競合を〝知力〟で凌駕《りょうが》してしまう知的競争志向なのである。

具体的に言えば、**見込み客の心の中にすでに陣取っている競合品との関連の中で自社商品をポジショニングし、競合品との明確な差別化によって優位性を生み出し、競争に打ち勝つことだ。**

日本コカ・コーラ元会長の魚谷雅彦氏は、ポジショニングのコンセプトに基づいて成功した例として「アクエリアス」を挙げている。

先行する競合品が存在する中、自社の水分補給ドリンクである「アクエリアス」を、「単純な水分補給飲料」としてではなく、「スポーツ科学飲料」と定義し、運動をする際に必要な飲料であることを科学的に示し、CMには多くのスポーツ選手を起用してポジショニングを明確にした、と述べている（2010年4月12日号「PRESIDENT」）。つまり、「アクエリアス」を後追いの単なる水分補給ドリンクではなく、「スポーツ科学飲料」としてその有効性を強調して見込み客の心の中に独自のポジションを築き、競合品との差別化を図ってヒット商品へと導いたのである。

顧客志向の下でもポジショニングはなされるが、あくまでもマーケティング戦略を立案するプロセス（セグメンテーション→ターゲティング→ポジショニング）の最後のワンステップに過ぎず、商品とともに始まるライズとトラウトのポジショニングとはその性質を異にする。

したがって、この**ポジショニングを核とするマーケティング**は、従来のどの分類にも当てはまらない、**知的競争志向**という新しいコンセプトと言える。

過去に機能したコンセプトも環境が変化すれば機能しなくなる。**今日の超競争時代では、競争を重視したコンセプトが何よりも重要となる。**

message 21

マーケティングで一番重要なことは、商品のネーミングである

"In the positioning era, the single most important marketing decision you can make is what to name the product."(Positioning)

■優れたネーミングは最高の保険

ライズとトラウトは言う。

「マーケティングで一番重要なことは、商品をどのようにネーミングするかである」

奇をてらうだけで何の意味も伝わらない商品名では、見込み客の心の中に入り込んで独自のポジションを築き上げることなどできない。「覚えやすさ」「呼びやすさ」もさることながら、ネーミングされた商品名によって、顧客そして見込み客が、その商品の主なベネフィットが何であるかがわかることが重要となる。

優れたネーミングによって、ポジショニング自体が非常に容易になる。優れたネーミングこそ長期的な成功を保証する最高の保険なのだ、とライズとトラウトは明言する。

■ネーミングのキモは「ベネフィット」が伝わること

レナウンが、「足が蒸れにくくニオイも防げる快適な靴下」という切り口で売り出した男性用抗菌靴下は、当初「フレッシュライフ」とネーミングされた。初年度は順調に滑り出したが、その後徐々に売り上げは落ち込み、商品の見直しを迫られることになる。

調査をしたところ、愛用者からの評価は高く、機能的には優れていることが実証された。しかし、「フレッシュライフ」ではその優れた機能が顧客や見込み客に十分に伝わらず、販売が低迷しているという結論に達した。

そこで、商品名を「通勤快足」とネーミングし直して販売した。するとどうだろう。基本的な機能は同じでありながら、商品名を変更することにより、変更前の前年に比べてなんと10倍近くも売り上げが伸び、爆発的なヒットとなったのである。

この「通勤快足」の例からもわかるように、売り上げに大きな影響を与えるのがネーミングであり、そのネーミングには「**覚えやすさ**」「**呼びやすさ**」に加え、「**ベネフィットが伝わる**」ことも必要なのである。

message 22

ポジショニングの真髄は犠牲にある

"The essence of positioning is sacrifice."(Positioning)

■ポジショニングは〝捨てる勇気〟が必要

「ポジショニングの真髄は犠牲にある。見込み客の心の中に、独自のポジションを築き上げるためには、何かを放棄することをためらってはいけない」

とライズとトラウトは繰り返し訴えている。

すべての人を惹きつける最強のポジションなど存在しない。むしろ、「独占できるような小さな市場を狙った方が、より大きな市場を3～4社で共有するよりも得策である場合が多い」とライズとトラウトは指摘する。

市場すべてを網羅するのではなく、市場のある部分に的を絞る。つまり他の部分を犠牲にすることによって競合に対して優位性を確立し、見事に成功したのがアサヒ飲料の「ワンダモーニングショット」だ。

■「朝専用缶コーヒー」を謳ったワンダモーニングショット

缶コーヒーは、日本コカ・コーラの「ジョージア」がリーダーとして圧倒的なシェアをもっており、サントリーの「ボス」がシェア2位で続く。この2社の順位は長年変わらないものの、残りを数社（アサヒ飲料、キリンビバレッジ、ダイドードリンコ、UCC上島珈琲など）で争っている成熟した市場である。

缶コーヒーの最大の特徴は、自動販売機やコンビニエンスストアで主に売られていることからもわかるように、24時間いつでもどこでもすぐに飲めることだ。このような中、「ジョージア」と「ボス」に大きく水をあけられていたアサヒ飲料は、缶コーヒーでは史上初、飲む時間帯を朝に限定した「ワンダモーニングショット」を発売した。

同社の消費者調査で、4割以上の人が午前中に缶コーヒーを飲んでいるという結果が得られた。そこで、市場全体（24時間）ではなく、朝の時間帯に特化（つまり朝以外の時間帯を犠牲に）した。そして、「朝専用缶コーヒー」とポジショニングすることにより、朝の時間帯に缶コーヒーを飲む愛飲家に対して、市場全体を狙っているトップの「ジョージア」や2位の「ボス」よりも優位に立ったのである。

宣伝では「おはようございます。缶コーヒーはますます朝専用」と謳って、顧客の心の中に独自のポジションを明確に築き上げ、発売から7カ月でヒットの目安となる年間販売量1000万ケースを達成した。

アサヒ飲料が、市場全体を狙って上位2社と同じように味や香り、製法などでポジショニングしたとしたら、知名度や販売力に勝る「ジョージア」や「ボス」からシェアを奪うことはできなかっただろう。

message 23

市場に溢れる商品を選別するため、人々は商品やブランドをランクづけするようになった

"To cope with the product explosion, people have learned to rank products and brands in the mind."(Positioning)

■顧客が心の中で行っているランクづけ

市場の多くは成熟化し、どこも類似品で溢れ返っているのが実態である。このような選択肢の多さに対処するため、買い物客は心の中で優先順位をつけて上位から選ぶ術を身につけるようになった。ライズとトラウトは言う。

「市場に溢れる商品を選別するため、人々は商品やブランドをランクづけするようになった」

ランクづけは、複雑な状況を簡素化する有効な手段である。雑誌の特集で数ある大学を評価する際に、入学難易度、就職率、教員数／生徒などいろいろな指標を設けてその下でランクづけすることがある。受験生が大学を選ぶときなど、そのランキングが参考となるが、商品もそれと同じで、買い物客が心の中で指標（商品の

図表5　顧客の頭の中にあるランクづけの梯子

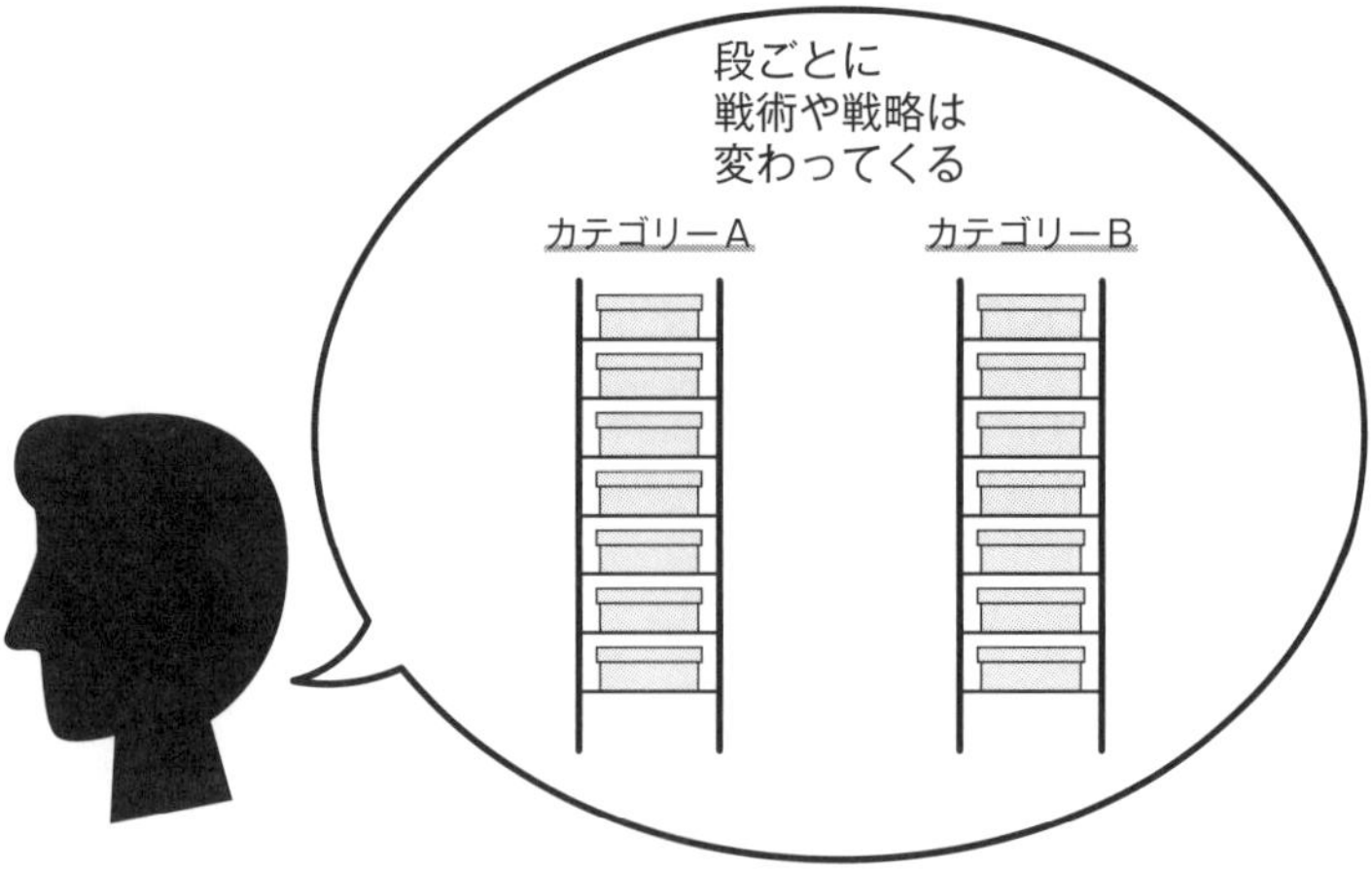

場合はカテゴリー）ごとにランクづけをして選んでいる。

■顧客の心の中にあるランクづけの梯子

ライズとトラウトは、「**心の中にはカテゴリーごとに梯子が存在し、その梯子のそれぞれの段に商品が乗っていると考えるとわかりやすい**」と述べている。そして、カテゴリーごとにランクづけされた商品は、梯子の上段から順番に並んでいく（図表5）。段の数（商品数）は梯子（カテゴリー）によってそれぞれ異なるが、最高は7段まで（第1章09参照）であると指摘している。

戦術・戦略は、その商品が梯子の何段目に位置しているかによって異なってくる。下段に位置する商品が、知名度や売上げではるかに上回る最上段の商品を真似た戦術・戦略をとってもうまくはいかない。上段には上段の、下段には下段なりの戦術・戦略が必要なのである。

message 24

上段を陣取る商品がしっかりとポジショニングされていると、それを乗り越えて序列を上げることは難しい

"Moving up the ladder in the mind can be extremely difficult if the brands above have a strong foothold and no leverage or positioning strategy is applied."(Positioning)

■一度確立されると不動となるランクづけ

心の中でランクづけされた商品は、カテゴリーごとに、梯子の上段から並んでいく。そして、一旦序列ができあがってしまうと、それを崩すことは容易ではない。ライズとトラウトは「**上段を陣取る商品がしっかりとポジショニングされていると、それを乗り越えて序列を上げることは難しい**」と述べている。

アメリカのボストン　コンサルティング　グループが代表的な22のカテゴリーにおいてブランド比較調査を実施したことがある。1925年にトップブランドとしてランキングされた22の商品は、60年経った1985年の再調査でどうなったか。なんと、19ものカテゴリーで、トップの商品は不動であった。

■梯子の序列を上げるための方策とは

では、下段の商品には打つ手がないのだろうか。「ある」とライズとトラウトは明言する。ただし、**それは上段の商品を頭越しに乗り越えようとするのではなく、新しい梯子（カテゴリー）を導入する、あるいは競合との関係の上でポジショニングすることだ**、と指摘する。

アメリカのレンタカー業界で最上段に君臨する「ハーツ」（Ｈｅｒｔｚ）の下に位置していたのが「エイビス」（Ａｖｉｓ）であった。そのエイビスは「レンタカー業界でエイビスはナンバー２でしかありません。だから、エイビスなんか乗らないですよね？」と、ナンバー１のハーツとの比較の上で自らのポジション（ナンバー２）を明確にし、その上で「（ナンバー１でない我々は）より一層の努力をします」と宣言して、ハーツからシェアを奪ったのである。

上段のハーツとまともに戦って乗り越えようとしたのではない。ナンバー１のハーツとの対比の中で、むしろナンバー２のポジションをうまく利用し、ナンバー２だからこそさらなる努力をすることを宣言して、顧客そして見込み客の心をつかんだのだ。

message 25

ポジショニングを成功させるためには“首尾一貫”した戦略が必要である

"More than anything else, successful positioning required consistency."(Positioning)

■ポジショニングに必要な一貫した戦略

「ポジショニングを成功させるためには、〝首尾一貫〟した戦略が必要である」

とライズとトラウトは述べている。顧客及び見込み客の心の中に独自のポジションを築き上げることと自体、並大抵のことではない。にもかかわらず、せっかく築き上げたポジションの優位性を時間の経過とともに忘れ、自ら確立したポジションを崩してしまうことがよくある。

自動車大国アメリカにおいて、「Think small」(小さいことが理想)という広告コピーで、顧客の心の中に「小型車」という独自のポジションを確立して成功したのが、ドイツのフォルクスワーゲン・ビートルだった。

■「小型車」のポジションから逸脱して失敗したフォルクスワーゲン

当時、アメリカではゼネラルモーターズをはじめとして大型の車ばかりを製造していたため、その逆を行った業界初の「小型車」というポジションは、競合に対して差別的優位性があった。ところが、フォルクスワーゲンは「小型車」というポジションで大成功を収めると、その成功の要因を忘れたかのように、大型で速く、そして高価な車種を米国市場に送り込むという、自らが確立した「小型車」のポジションとは相反する、首尾一貫性のない戦略をとった。その後の販売の低迷は容易に想像がつく。

フォルクスワーゲンは、初の「小型車」という戦術で独自のポジションを築き上げながら、首尾一貫した戦略を欠いたことにより、後に日本の自動車メーカーが「小型車」のポジションを引き継ぐ道筋を作ってしまった、とライズとトラウトは指摘している。

message **26**

1つの商品名で明らかに異なる2つの商品を同時に表すことはできない

"One name can't stand for two distinctively different products."(Positioning)

■知名度上昇のジレンマ

商品名を聞いて、すぐにその商品の効用が浮かんでくるようなら、その商品は顧客の心の中にしっかりとしたポジションを築いていることになる。その商品名が、カテゴリーの代名詞として使われるようになれば、圧倒的な競争優位性が生まれる。

ところが、その一方で、商品の知名度が高くなると、別の商品にもその商品名を使いたくなる誘惑に襲われる。

「頭痛にバファリン」という一貫した宣伝で、頭痛薬としてのポジションを確かなものにした「バファリン」は、頭痛薬の代名詞的な存在となった。頭痛薬がほしいときに「バファリンをください」と言えば、相手にもすぐにそれが頭痛薬だとわかった。

■1つの商品名は1つの商品での使用に限定すべき

ところが、「バファリン」の知名度が上がると、「バファリンかぜEX」というかぜ薬までが登場した。「バファリン」という商品名が、効用の異なるかぜ薬にも使用されたことにより、顧客の心の中で混乱が起きてしまう。

こうなると、「バファリンをください」と言っても、以前のように頭痛薬がすんなり出てくるとは限らない。「頭痛薬ですか、それとも、かぜ薬ですか」と聞き返される羽目になるだろう。

「**1つの商品名で、明らかに異なる2つの商品を同時に表すことはできない**」とライズとトラウトは声を大にして警告している。

message 27

ユニークなポジションの発想は商品の分析からは得られない。見込み客の心の中を覗き見ることだ

"To find a unique position, you must ignore conventional logic. What you must do is look inside the prospect's mind."(Positioning)

■フレームワークによる分析に頼るな

顧客及び見込み客の心の中にユニークなポジションを見つけるためにはどうすればよいのだろうか。各種のフレームワークを使って商品を分析することにより、ユニークなポジションを発見しようとするのが従来のやり方である。

しかし、ライズとトラウトは、このような方法に異を唱え、「**ユニークなポジションの発想は、商品の分析からは得られない。見込み客の心の中を覗き見ることだ**」と助言している。

■ヒントは顧客の心の中にある

熾烈な競争を展開している緑茶飲料市場において画期的な商品として大ヒットしたのが、花

王の「ヘルシア緑茶」である。「ヘルシア緑茶」が他の緑茶飲料と異なるのは、体脂肪を減らす効果がある茶カテキンを通常の緑茶飲料の3〜4倍含んでいることだ。そして、厚生労働省から「特定保健用食品」の認定を受け、「体脂肪が気になる方に」とターゲットを絞った。「脂肪を消費しやすくする緑茶飲料」というユニークなポジションの背景には、見込み客の心の中を覗くと肥満を気にしている人が非常に多かったという現実があった。事実、体脂肪を気にする多くの中年男性が発売後すぐに飛びつき、リピート買いをするようになっている。「緑茶飲料」という商品自体をいくら分析しても、そこからは「〝史上初〟の体脂肪対策としての緑茶飲料」というユニークなポジショニングの発想は生まれなかっただろう。

message 28

リポジショニングとは、見込み客の心の中ですでにポジションを築き上げてしまった競合をポジショニングし直してしまうことである

"Because there are so few creneau to fill, a company must create one by repositioning the competitors that occupy the position in the mind."(Positioning)

■超競争時代のリポジショニング

今日の超競争時代において、見込み客の心の中に隙間を見つけ出し、自らのポジションを築き上げることは簡単ではない。そこで必要となるのが「**リポジショニング**」という考え方だ。

ライズとトラウトはこう説明している。

「**リポジショニングとは、見込み客の心の中ですでにポジションを築き上げてしまった競合を、(自社に都合の良いように)ポジショニングし直してしまうことである**」

そして、彼らがリポジショニングの成功例として挙げているのが、ドイツビールの「ベックス」である。

■リポジショニングによってシェアを伸ばす

アメリカで初の輸入ビールは、日本でも馴染みのある「ハイネケン」。そして、初のドイツビールは「ローエンブロイ」だ。

ドイツビールの「ベックス」がアメリカに上陸したとき、両者ともそれぞれ一番手としてビール愛飲家の心の中に確固たるポジションを築き上げていた。顧客の心の中に先駆者としてしっかりとポジショニングされてしまうと、一番手としての優位性を崩すことは極めて難しい。

このような状況の中、「ベックス」はまず、「あなたはアメリカで一番人気のドイツビールをすでに味わいました」と「ローエンブロイ」がアメリカで一番手として最も売れていることを認め、その上で「さあ次は、ドイツで一番人気のドイツビールを試してみてください」と訴えたのである。

つまり、「ローエンブロイ」はアメリカでは先駆者として一番だが、原産地ドイツでは一番ではない、そして「ベックス」こそが本場ドイツで名実ともに一番である、と「ローエンブロイ」をリポジショニングしたのだ。

これにより、「ベックス」は後発ながらアメリカで第2位の輸入ビールとなった。ビールに関しては、アメリカ人は自分たちよりもドイツの人々の舌を信じたのである。

message 29

「当社の商品は他社品より優れています」はリポジショニングではない。比較広告に過ぎない

"We're better than our competitors"" isn't repositioning."(Positioning)

■リポジショニングの極意

ペプシコーラが、競合の「コカ・コーラ ZERO」との比較広告の中で、「おいしさで、ペプシ NEX ZEROが勝利しました」と訴えて話題を呼んだことがあった。

しかし、このCMを見た人は「じゃあ、なぜペプシはシェア1位じゃないの?」と疑問に思ったかもしれない。トップの企業はわざわざ比較広告など出す必要はない。トップであること自体が優れている証拠だからだ。

したがって、比較広告は同じカテゴリーで、マーケット・リーダーに対して第2位以下の企業が自社商品の優位性を訴えて挑戦する形の広告である。これに対して、**自社ではなく、競合のポジショニングを仕切り直してしまうのが、**

リポジショニングである。

アメリカで、ある広告によって爆発的に売り上げを伸ばしたウォッカがある。その広告では、競合のウォッカに対して「アメリカで売られているウォッカは、そのほとんどがロシア産のように聞こえます。（しかし実際は）サモーヴァはペンシルバニア州シェンリーで、スミノフはコネチカット州ハートフォードで、ウルフシュミットはインディアナ州ローレンスバーグで醸造されています」とし、その上で自らのウォッカを「ストリチナヤは違います。ロシア産です」と続けたのだ。

この広告では、競合品との比較の上で、味や香りが自社品の方が勝っているなどとは訴えていない。競合品が実はアメリカ産ウォッカであること、そして同時にストリチナヤだけが正真正銘のロシア産ウォッカであることを、愛飲家の心の中にはっきりと認識させ、競合をポジショニングし直したのだ。

このリポジショニングにより、競合は言わば〝化けの皮〟を剥がされた格好になり、ストリチナヤだけが愛飲家の心の中に本物のロシア産ウォッカというポジションを獲得し、優位に立ったのである。

この広告こそ、リポジショニングの典型である、とライズとトラウトは絶賛し、「**『当社の商品は他社品より優れています』は、リポジショニングではない。比較広告に過ぎない**」と警告している。

■日本のリポジショニングの成功例

日本でリポジショニグの例として挙げられるのは、「チョーヤは酸味料を加えたものを、梅酒とは呼びません。」と謳ったチョーヤ梅酒の広告である。この広告は、自社商品の優位性を訴えている比較広告ではない。

梅酒には、「梅のみを原料としている梅酒」と「酸味料などを加えて梅の味に仕上げた梅酒」の2種類があるが、当時はともに梅酒として流通していた。このような状況の下、梅酒の愛飲家に対してこのことを気づかせ、チョーヤの梅酒とは梅のみを原料としている前者の本物の梅酒であると明確に示し、言外に他社品は酸味料を入れた後者の梅酒であると伝えて、競合の梅酒をリポジショニングしたのである。

その後、2015年に日本洋酒酒造組合が梅酒の新しい基準を制定し、梅・糖類・酒類のみを原料とした無添加の梅酒は「本格梅酒」、そして酸味料などの添加物を加えた梅酒を「梅酒」として2つに分類した。チョーヤは、この新基準に基づき、商品に「本格梅酒」と明記して競合品との差別化を徹底させたのである。

第4章

戦術が
戦略を決定し、
戦略が
戦術を動かす

chapter 4

message 30

戦術とは、顧客の心の中で競合に対して優位性と知覚される斬新な"切り口"である

"A tactic is a competitive mental angle."(Bottom-Up Marketing)

■切り口とはアイデア

マーケティングとは〝知的戦い〟であり、その戦いにおいて武器となるのが戦術である。ライズとトラウトは、マーケティングの戦術を以下のように具体的に定義している。

「戦術とは、顧客の心の中で競合に対して優位性と知覚される斬新な〝切り口〟（アイデア）である」

戦術上の切り口（アイデア）に必要なのは、差別化をするための要因である。しかし、これは「より良い」を追求するものではない、とライズとトラウトは述べる。むしろ、**大きさや重さ、価格、あるいは、利用する場所や時間、方法などが従来とは異なることで差別化の要因**となり得る。

さらに、**その戦術はマーケティング活動が行われるすべての領域で優位性として認められ、顧客の心の中でしっかりと知覚されなければならない、**と付け加えている。

■「食べるラー油」――斬新な切り口で成功する

斬新な切り口により、爆発的なヒット商品となったのが桃屋の「辛そうで辛くない少し辛いラー油」である。ラー油は、餃子などの味つけに利用される「調味料」だった。そのラー油を、美味しい「おかず」という切り口で、調味料ではなく「食べるラー油」として従来のラー油との差別化を図った。この斬新な切り口がテレビCMで紹介され、認知された途端に注文が殺到し、なんと品薄状態についてのお詫び広告を出す事態にまでなってしまった。

それまで、ラー油市場は王者エスビー食品の独断場であった。このような中、ラー油を「おかず」に利用するという斬新な切り口（アイデア）で新しいカテゴリーを創り出し、そこに一番乗りした桃屋は、ラー油としてはほとんど無名であったにもかかわらず、一挙にシェアトップに躍り出たのである。まさに、知力の勝利である。

message 31

見込み客の心の中における戦術レベルの戦いにまず勝つこと

"To win a marketing war, you have to win the battle at the tactical level. You have to win the battle in the mind of the prospect."(Bottom-Up Marketing)

■まず戦術が興味を引くこと

マーケティング戦争の戦場は、顧客そして見込み客の心の中であることは説明した。その戦場、すなわち見込み客の心の中に入り込み、自社の確固たるポジションを築くためには、**戦術（斬新なアイデア）が見込み客の興味を引くかどうか**にかかっている。その戦術が見込み客の興味を引くことができなければ、戦場に入っていくことができず、戦いに参加することさえできないからだ。

見込み客の興味を引くことで初めて戦場に名を連ねることができ、それが〝おもしろい〟と知覚されることにより、競合に対する優位性へとつながっていく。

■〝おもしろい〟とは〝新しい〟こと

アイデアがおもしろいためには、**「万人受けはするがパッとしない」**よりも、むしろ**「興味深いが憎らしい」方がましだ**、とライズとトラウトは述べている。さらに、アイデアが〝おもしろい〟ことの定義は、切り口が**〝新しい〟**ことだとし、**〝おもしろい〟ためには、武器となるアイデアが新しく、従来のものと違っていなければならない**と指摘している。違いが認められなければ差別化もできない。

「校長が生徒に説教した」では世間一般の常識と何も違いがなく、おもしろくも何ともない。逆に「生徒が校長に説教した」となると前代未聞で、一部の人にとってはおもしろいとなる。

他と違うアイデアに接した場合、反応は人によって様々である。そのアイデアがおもしろかったとしても、すべての人に好意的に受け入れられるわけではない。それを拒否する人もいる。すべての人を惹きつけるおもしろいアイデアなど存在しない。したがって、**市場のある部分に的を絞り、その見込み客の心の中で興味を引くアイデア、すなわち戦術を最初に見つけ出すことが勝利への第一歩**となる。

従来品と違いがなく、おもしろくもない戦術では、勝ち目がないのは明らかである。マーケティング戦争は、見込み客の心の中における戦術レベルの戦いにまず勝つことから始まる。

message 32

ナイフを競争相手に突きつける戦術だけが考慮に値する

"The only tactic worth considering is the tactic that puts the knife into the competition."(Bottom-Up Marketing)

■「ホワイトプラン」というナイフ

ライズとトラウトは戦術について、「**ナイフを競争相手に突きつける戦術だけが、考慮に値する**」と述べている。

ソフトバンクモバイルが携帯電話事業に参入した初期の頃、業界でのシェアは、トップのＮＴＴドコモが55％、2位のＫＤＤＩ（ａｕ）が29％であったのに対して、ソフトバンクモバイルはわずか16％だった。

このときにソフトバンクモバイルが打ち出した戦術が、「契約者間の音声通話無料」（ホワイトプラン）という驚きのアイデアであった。「ホワイトプラン」とは、時間帯の制限はあるものの、ソフトバンクモバイル契約者間では、音声通話が無料となる音声通話定額プランだった。

ただし、他の携帯電話会社の契約者への通話は有料となる。

■競合に対抗上大きな犠牲を強いる戦術こそ優れた戦術

当時のシェアから推測できることは、ソフトバンクモバイルの契約者は、同じソフトバンクモバイルの契約者との通話よりも、他社の契約者にかける方が圧倒的に多いことである。逆に、市場シェアの半分以上を持ち、自社契約者間での通話が多かったＮＴＴドコモからすると、「ホワイトプラン」のような音声通話定額プランは、主な収益源を自ら放棄することにつながり、同様の料金プランで反撃したくとも簡単には踏み切れない。

このように、**対抗上競合がマネをしようとすると大きな犠牲を払わなければならない戦術こそ、相手の胸元にナイフを突きつける優れた戦術**なのである。

message 33

戦術は自社志向であってはならない

"Your tactic should not be company-oriented."(Bottom-Up Marketing)

■自社都合による新商品は失敗する

戦術を選ぶ際の注意点として、「**戦術は自社志向であってはならない**」とライズとトラウトは忠告している。

自社志向、つまり競争上の観点からではなく、自社の都合からの場合、「十中八九、新商品は自社の商品ラインの隙間を埋めるために売り出されるのであり、市場の隙間を埋めるためではない。たぶんそれが新商品を出してもほとんどが失敗する理由である」と二人は警鐘を鳴らす。

サッポロビールは世界に先駆けて、「プリン体ゼロ、糖質ゼロ」という画期的なビール系飲料（第三のビール）「極ＺＥＲＯ」を開発した。痛風を引き起こす恐れのあるプリン体を世界で初めてゼロとし、さらに糖質もゼロとしたのだ。この戦術が健康志向の愛飲家に訴求し、半年間で３６０万ケースを売り上げる大ヒットとなった。

その後、国税当局から照会を受け、自発的に発泡酒へ変更して再出発したが、売れ行きは相変わらず順調だった。

■自社志向の単純な後追い戦術は失敗する

アサヒビール、キリンビール、サントリーの競合３社は、順調に売り上げを伸ばすサッポロビールを追って一斉にプリン体と糖質がゼロの発泡酒を発売した。しかし、後追いの競合３社の戦術は、サッポロビールとまったく同じ「プリン体ゼロ、糖質ゼロ」であり、戦術にとって不可欠な新しさやおもしろさはまったく見られなかった。

これは、自社の商品ラインに「プリン体ゼロ、糖質ゼロ」の発泡酒がなかったために加えたという自社志向による戦術だったからである。

message 34

戦術を見つけるためには、何よりもまず現場に出向くことである

"You won't find a competitive idea inside your own organization, however. You have to go down to the front to look for one."*(Bottom-Up Marketing)*

■自分の五感を使って情報を得る

ライズとトラウトは、「**戦術を見つけるためには、何よりもまず現場に出向くことである**」と述べている。では、現場に出向くとはどのような行動を指すのだろうか。

マーケティングの戦場とは、顧客そして見込み客の心の中である。したがって、ライズとトラウトは「**現場に出向くとは、顧客や見込み客が考えていそうなことを探れる場に自分自身を置くことを意味する**」と説明している。

顧客を獲得したければ、顧客の目線に立てる位置に自分自身を置いて考えることだ。ただし、自ら現場に出向くことと、誰かを現場に送ることとを混同してはならない。営業部隊に報告書を提出させる、あるいはリサーチ会社に調査を

依頼するなど、誰かを現場に送って情報を得ることはほとんどの企業が行っている。

しかし、**大事なのは、自ら進んで現場に出向き、自分の五感を使って情報を得ることである。**市場のどろどろとした泥濘《でいねい》の中に自分自身をどっぷりと浸すことだ。現場から離れたオフィスの椅子に腰かけ、部下を現場に送り、その部下から現場の声をいくら聞いても、自分の身体で感じたことから来るインスピレーションは得られない。

■ヒントは現場にある

ワイシャツの定番として欠かせない「ボタンダウン・シャツ」のアイデアは、英国のポロ競技の観戦中に生まれた。騎乗の選手がシャツの襟元をボタンで留めているのにふと気づき「これだ！」と閃いた。「ポロカラー」として後に商品化したのが老舗紳士服ブルックスブラザーズの創業者の孫であるジョン・ブルックスである。「ボタンダウン・シャツ」はたちまちブルックスブラザーズの看板商品となり、１００年以上も愛用され続けている。

オフィスの椅子に座り、ワイシャツを目の前に置いていくら思案しても、このような閃きと発想は出てこなかっただろう。

役職にかかわらず現場に出向き、現実を見据えること。そこから、優れた戦術が生まれ、戦略へとつながっていくのである。

特に、**マーケティング担当者は足腰が丈夫で、頻繁に現場に足を運ぶ行動力がないと務まらない。**このことを肝に銘じておくことだ。

message 35

ネガティブな面を売り込むことも重要である

"It's as important to promote the negative as the positive."(Bottom-Up Marketing)

■「訳あり」商品はなぜ売れる

「優位性として知覚されるポジティブな切り口は、必ずネガティブな側面がある」とライズとトラウトは述べている。そして、そのネガティブな面にあえて触れることは、戦術に信用を与えることにつながる、と続ける。

買い物をしているときに「訳あり〇〇〇」という商品を一度は目にしたことがあるのではないだろうか。単に価格が安いと、なぜこんなに安いのかと買い物客は不安に思う。しかし、安い理由を正直に明かすことにより、買い物客の理解を得ることができ、かえって信用は高まる。

ライズとトラウトはこう述べる。

「ポジティブな面を宣伝して売り込むのと同じくらい、ネガティブな面を売り込むことも重要

である」

■ネガティブ面を逆手にとって売り込む

「俺のイタリアン」で有名となった「俺の株式会社」は、ミシュラン星つき級の料理人が腕を振るった料理を、高級店の3分の1の価格（戦術）で提供することで注目を集めた。

その低価格を実現するカギは回転率を上げることであったが、ゆっくりと時間をかけて食事を楽しむという従来のスタイルでは回転率を上げることは至難の業となる。そこで初期の段階でとった策が「立ち飲み業態」だった。

狭いスペースで立って飲食するというネガティブな面を、人と人とが肩をすり寄せ自然に会話が弾んで親しくなれるとして、むしろ逆手にとって売り込んだのだ。低価格と同時に、これが見込み客に受けて大成功した。

ネガティブな面を売り込んで大きな話題となった例をもう1つ。

「綺麗で、早うて、ガラアキで、眺めの素的によい涼しい電車」

阪急電鉄が1920年に大阪～神戸間の神戸線を開業したときのキャッチフレーズである。

阪急グループの総師・小林一三の作と言われているが、利用客が少ないというネガティブな面

（乗客にとってはポジティブともなり得る）をあえて入れたこのコピーは当時大きな注目を集めた。

先行して並走するライバル阪神電車に対して、出だし好調などころか、鉄道会社にとっては致命的な乗客数の少なさをむしろ逆手にとり、「ガラアキ」という表現でアピールした小林一三の経営者としてのスケールの大きさには驚くばかりであり、１世紀近く経った今でも語り草になっている。

message **36**

戦略は首尾一貫したマーケティングの方向性である

"Strategy is not a goal. It's a coherent marketing direction."(Bottom-Up Marketing)

■戦略は過程を重視せよ

「戦略とは何か」という問いに対して、いろいろな定義がある。その一つが、戦略とは、「目標（ゴール）」と「その目標（ゴール）に到達するための一連の計画（シナリオ）」の2つからなるとする考え方だ。

一方、ライズとトラウトは、戦略に対して「**戦略はゴールではなく、その過程が重要視されるべきだ**」という立場をとっている。

彼らが定義するマーケティング上の戦略とは、選ばれた戦術を最大限に活かすため、4Pに代表されるマーケティングミックスすべての領域で指針となる、首尾一貫したマーケティングの方向性である。

戦術では外部の競合に最大の関心が注がれて

いるのに対して、戦略はその戦術に合わせて組織内部を一つの方向に向かわせていく内部志向と言える。また、戦術が単一のアイデア（斬新な切り口）であるのに対して、戦略はその戦術を継続して成り立たせるための多くの要素を含んでいる。そして、**それらすべての要素が徹頭徹尾戦術に焦点が合っていなければならない。**

■ドトールとスタバにみる対照的な戦術と戦略

日本にセルフサービス方式のコーヒーショップを最初に展開したのは、ドトールコーヒーである。「安くて、美味しいコーヒー」という戦術で、１９８０年に東京・原宿の駅前に第１号店をオープンした。

最大の武器である１杯１５０円という、当時の喫茶店の約半値の価格でコーヒーを提供するため、人通りの多い一等地に出店し、立ち飲みスタイルをメインにして回転率を上げるなど、「１人でも多くの人に手軽に利用してもらう」戦略をとった。さらに、その戦略の下、従業員が多数の来店客にも笑顔で対応できるようセルフサービス方式も導入した。

当時可処分所得の減少が続いていたビジネスマンなどにその戦術が受け、店舗数も順調に増えていったのである。

そこに参入してきたのが、アメリカで爆発的にヒットしたスターバックスコーヒーだった。1996年、東京・銀座に同じセルフサービス方式の第1号店をオープンしたが、その戦術は「至福のひとときを生む1杯のコーヒー」と言え、ドトールコーヒーとはまったく異なるものだった。そのため、コーヒーの品質のみならず、店内の空間やサービスにもこだわり、全席禁煙、ゆったりとしたスペースに居心地のよい上質のソファー、パートナー（従業員）の温かなホスピタリティーなど、「最高級のコーヒーを飲みながらくつろげる居場所（サードプレイス）を提供する」という戦略をとった。

値段が高くとも、そこに価値を認めた人から「スタバ」の愛称で呼ばれるなど、日本でも急成長した。

両社の戦略を比較すると、まずドトールコーヒーは「安くて、美味しいコーヒー」を継続していくために、高い回転率を可能にする戦略をとっている。一方、スターバックスコーヒーは「至福のひとときを生む1杯のコーヒー」を実現するために、居心地の良さを醸し出す戦略をとっている。

明らかに対照的な両社の戦略だが、**それぞれの戦術を活かすために首尾一貫した全社的なマーケティングの方向性を示している。**それぞれがこの戦略の下で、マーケティング活動を実践しているために成功しているのだ。

では、後発のスターバックスコーヒーの急成長を見て、ドトールコーヒーがスターバックスコーヒーを真似て戦略を変更した（たとえばスターバックスコーヒーから顧客を奪うために居心地の良いソファーを設置した）としたら、どうなっただろうか。回転率は下がり、ドトールコーヒーの戦術である「安さ」を維持・継続していくことが難しくなってしまう。そうなれば、ドトールコーヒーの常連客は離れていってしまうだろう。**戦略は徹頭徹尾戦術に焦点が合っていなければならない**。

また、**戦術に焦点を合わせた戦略が一旦立案されれば、その方向性は変えられるべきではない**、とライズとトラウトは主張している。

では、ドトールコーヒーはスターバックスコーヒーに対してどのような対抗策がとれたのだろうか。ドトールコーヒーが出した答えは、スターバックスコーヒーに似た業態の店を別ブランドで新たに展開することだった。それが1999年に第1号店をオープンした「エクセルシオール　カフェ」である。

従来の戦術・戦略を貫く「ドトールコーヒー」と、それとは異なる戦術・戦略の「エクセルシオール　カフェ」という2つのブランドを併用して、スターバックスコーヒーに対抗したのである。

message 37

戦術とは競争優位性のことであり、戦略とはその競争優位性を維持する働きをする

"A tactic is a competitive advantage. A strategy is designed to maintain that competitive advantage."(Bottom-Up Marketing)

■時間に対する戦略と戦術の考え方の違い

戦術とは競争優位性のあるアイデアであり、期間とは関係がない。それに対して、**戦略には時間的要素が加わる。**

多くのお店で年に一度や二度は行われるセール（特売）は、競争優位性を創り出す典型的な戦術だが、この段階では一時的な優位性に止まっている。一時的であれば、競合も簡単に真似ができる。しかし、この特売という戦術が、期間限定ではなく年間を通じて毎日継続できるような戦略に組み入れられると、ディスカウントストアと呼ばれるようになり、競合はすぐには飛びつくことができなくなる。つまり、競合の反撃を阻止できるようになるのだ。

■競争優位性からみた戦術と戦略の関係

ライズとトラウトは「**戦術とは競争優位性のことであり、戦略とはその競争優位性を維持する働きをする**」と戦術と戦略の関係を説明している。さらに、「**戦術を見つけ出し、そして戦略に組み入れて初めて、そのパワーを最大限に発揮できることになる**」と述べている。

戦術が戦略へと高められると、「時間」という要素が加わり、一時的なものから継続的なものへと転換でき、長期にわたって競争優位性を維持できるようになるのである。

message **38**

戦術が釘であるとすれば、戦略は金槌といったところだ

"If the tactic is a nail, the strategy is a hammer."(Bottom-Up Marketing)

■ 釘（戦術）は鋭くなければならない

顧客、そして見込み客の心の中に独自のポジションを築くために必要なのが戦術、つまり、顧客の心の中で競合に対して優位性と知覚される斬新な切り口である。しかし、戦術はアイデアであり、それだけでは十分ではない。戦術には戦略が必要である。

「**戦略とは、前述したように首尾一貫したマーケティングの方向性であり、その目的は戦術を継続して最大限に活かすために経営資源をその方向に集結させることだ**」とライズとトラウトは述べている。そして、戦術と戦略の関係を「**戦術が釘であるとすれば、戦略は金槌といったところだ**」とたとえている。

まず、釘（戦術）は先鋭（切り口が斬新）で

なければ打ち込むことはできない。また、先が欠けていたり（独自性に欠けていたり）、錆《さ》びついていては（おもしろみに欠けていては）使いものにならない。

■金槌（戦略）で釘（戦術）を正確に叩く

しかし、釘がいくら完璧でも、釘だけでは固い壁に打ち込むことはできない。釘を深くしっかりと打ち込むためには、金槌（戦略）でその釘を正確に（戦術にしっかりと焦点を合わせて）叩く必要がある。

釘がきちっと打ち込まれるためには金槌が必要であるのと同じように、**戦術が見込み客の心の中にしっかりとしたポジションを築き上げるためには、その戦術に焦点の合った戦略が必要となる。**両者がそれぞれの役割を十分に果たしたときに最大の効果が発揮されるのである。

message 39

戦術が戦略を決定する

"The tactic dictates the strategy."(Bottom-Up Marketing)

■戦略、そして戦術の順ではない

戦略及び戦術を語るとき、「戦略と戦術」の順で言うのが一般的である。初めに何をしたいか（戦略）、次にどのようにするか（戦術）を決める。しかし、ライズとトラウトは、長年のコンサルティング経験から、「**ビジネスで実際に行われている戦術を熟知し、それに深く関与することを通して、戦略を立案すべきである**」という革命的な結論に達した。その上で次のように主張している。

「**戦術が戦略を決定する**」

クリストファー・コロンブスは、インドへの近道を発見したかった（戦略）ため、東ではなく西に向かって航海した（戦術）。その結果、インド大陸はついに発見することができず、失敗者として最期を迎えることになる。もし彼が、戦術が戦略を決めることを認めていたならば、アメリカ大陸発見という大きな偉業を成し遂げたことを自負できたかもしれない、とライズとトラウトは述べている。

■戦術（格安運賃）→戦略（空飛ぶ電車）

２０１２年に第一便を就航させたピーチ・アビエーションは、それまでは考えられなかった破格的に安い運賃（戦術）をアピールした格安航空会社（ＬＣＣ）の１つとして出発した。その格安運賃という戦術を最大限に活かすために、ピーチがとった戦略は「空飛ぶ電車」というコンセプトだった。

大手航空会社と同じサービスをしていたのでは、格安運賃を実現することはできない。また、一時的に実現できたとしても継続することはできない。そこで、航空会社という発想でなく、鉄道会社と同じ考えで、電車のように出発地から目的地まで乗客を運ぶことを優先し、航空業界では標準的とされていたサービスを一部廃止または簡素化することによって、常に激安の運賃を生み出したのである。

乗客が遅れても待たずに出発する。チケットは乗客が自分で手配する。自動チェックイン機

図表6　戦術が戦略を決定する

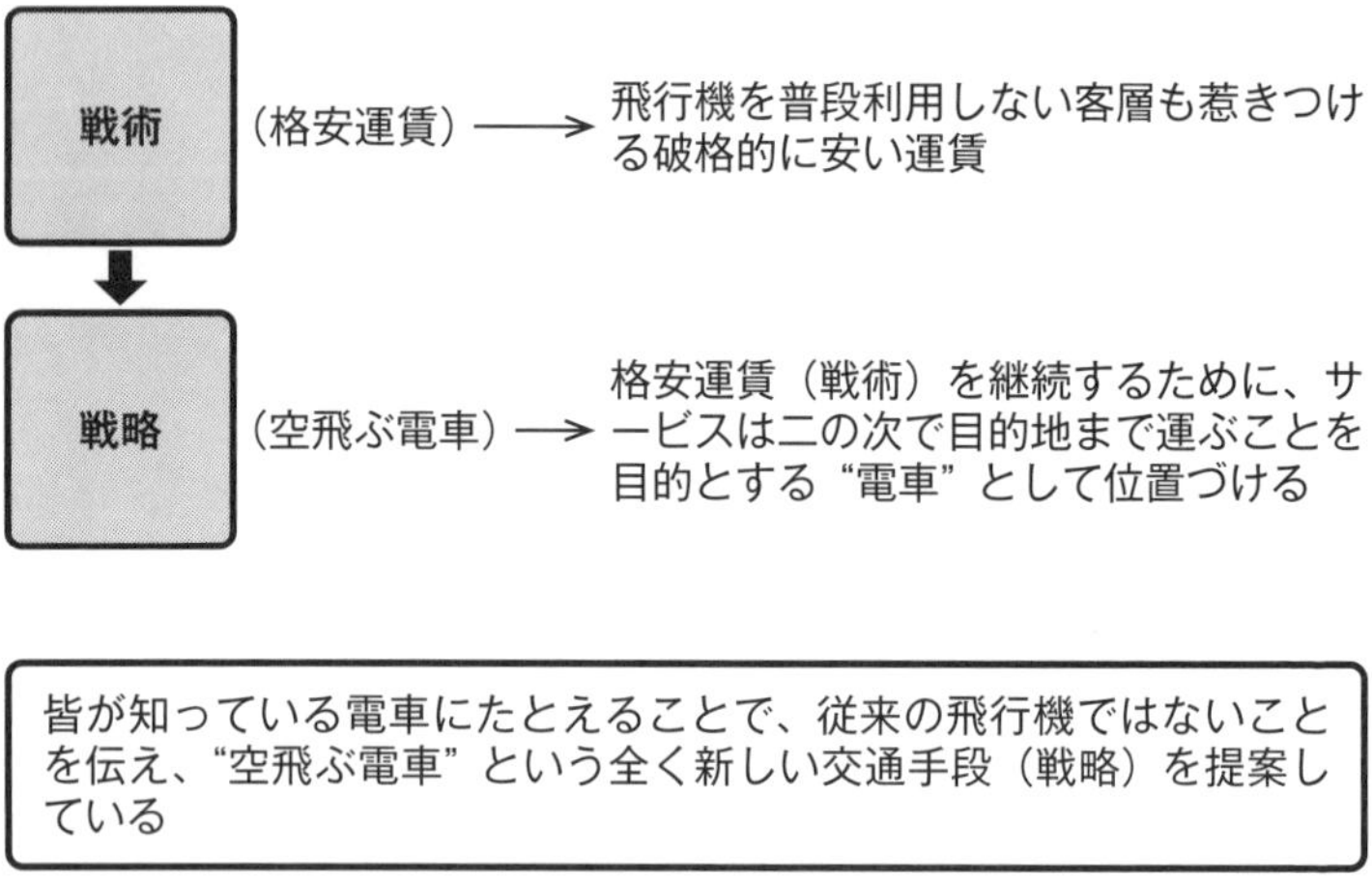
戦術
（格安運賃）
飛行機を普段利用しない客層も惹きつける破格的に安い運賃
戦略
（空飛ぶ電車）
格安運賃（戦術）を継続するために、サービスは二の次で目的地まで運ぶことを目的とする“電車”として位置づける
皆が知っている電車にたとえることで、従来の飛行機ではないことを伝え、“空飛ぶ電車”という全く新しい交通手段（戦略）を提案している

で自らチェクインする。座席を指定する場合は指定料金を払う。機内の飲み物はすべて有料。映画や音楽などのエンターテインメントはなし。まさに、飛行機ではなく、電車なのだ。

この戦略の下、すべてのマーケティング活動を的確に実践したため、悪評も立たず、格安の運賃を常時実現できたのである。これにより、普段は飛行機を利用しない新規の旅客を掘り起こし、新規航空会社としては最速のペースで300万人の累計搭乗者数を達成するなどして、国内の格安航空会社の中で初めて黒字化に成功した。

「空飛ぶ電車」という戦略が初めにあり、その戦略の下で実施された複数の戦術の1つが格安運賃であったわけではない。「格安運賃」という戦術が先にあり、その戦術を常時可能にしていくためにはどうしたらよいかを徹底的に考えた末にたどり着いたのが「空飛ぶ電車」という戦略である。まさに、**戦術が戦略を決定したのである**（図表６）。

message 40

マーケティングの戦いは、戦術レベルで勝敗が決まるのであり、戦略レベルではない

"Yet marketing battles are won or lost at the tactical level, not at the strategic level."(Bottom-Up Marketing)

■戦略的転換で誤ったスカイマーク

規制緩和によって新規航空会社の1社として出発し、国内第3位までになったスカイマークは、設立から20年経たずして民事再生法の適用を申請した。

同時期に設立された北海道国際航空（現AIR DO）、スカイネットアジア航空（現ソラシドエア）、スターフライヤーが、それぞれ本社のある札幌市、宮崎市、北九州市との「地元密着」を主な戦術としたのに対して、東京に本社のあるスカイマークは、大手2社（ANAとJAL）の約半額となる「低価格運賃」を戦術として出発した。

スカイマークが、割安な運賃（戦術）を継続させるための戦略の一環として取り組んだのが、

使用する機材を燃費効率の高い小型機「ボーイング７３７」に統一することだった。

しかし、格安航空会社（ＬＣＣ）が日本で台頭するようになり、その対抗措置としてスカイマークが選んだのが、従来の戦略とは相反する航空機の大型化であった。座席数が約１・５倍、座席間隔が約２割広い「グリーンシート」を全席に導入した「Ａ３３０」を就航させたのだ。つまり、使用する航空機を小型機から大型機へと戦略的な転換によって巻き返しを狙ったのである。

ところが、座席数の増加に対してそれに見合う新規顧客を獲得できず、逆に搭乗率は低迷し、さらに運航費用も高くなり、巻き返しどころか業績の悪化を招いてしまった。

■マーケティングは戦術で成否が決まる

ライズとトラウトは言う。

「マーケティングの戦いは、戦術レベルで勝敗が決まるのであり、戦略レベルではない」

皮肉にも、スカイマークが戦略レベルで優位に立とうとして採用に踏み切ったＡ３３０は、民事再生法の適用が申請された翌日に、その運航の中止が発表された。

message 41

戦術の効果を戦術自体だけでは評価できない

"That's why you can't evaluate the effectiveness of a tactic all by itself."(Bottom-Up Marketing)

■「絞る＝縮小」ではない

現場に出向き、戦術を見つけ出す際に重要なのは、焦点を絞ることである。しかし、多くの企業がその逆を行っている。その理由は、焦点を絞ることの有益性がはっきりしていないからだ。焦点を絞ることは、事業を縮小するように見える。

ライズとトラウトは、シューズショップの例を挙げて説明している。女性用が8割、男性用が残り2割を占めている靴店が、女性限定の靴店となったらどうなるだろうか。売り上げが2割落ちてしまうと考えるのは一見論理的のように思える。男性用の靴の販売を止めるだけで、他に何もしなければそうなるだろう。

■焦点を絞った戦術でより高い競争優位性をつくり出す

しかし、〝女性限定〟という戦術を戦略に組み入れた場合、どのような有益性が考えられるだろうか。まず、女性にアピールするような店名、店の作り、そしてディスプレイに変更できる。また、商品の品揃えも、女性に限定することにより以前よりも豊富に取りそろえることができる。

つまり、〝女性限定〟という焦点を絞った戦術をとることにより、男女両方の靴を販売する一般靴店よりも、女性に対して〝より明確に〟そして〝より強烈に〟訴求する戦略をとれることになる。この点を踏まえて、ライズとトラウトは「**戦術の効果を戦術自体だけでは評価できない**」と戒めている。

焦点を絞る戦術により、戦略的により高い競争優位性を創り出すことができることを忘れてはならない。

message 42

マーケティングとは、単純なアイデアが複雑なアイデアを打ち負かすゲームである

"Marketing is a game where the simple idea beats the complex one, where the single idea beats the multiple thrusts."(Bottom-Up Marketing)

■戦術はシンプルであれ

戦術とはアイデアであり斬新な切り口であることは述べたが、競争優位性を創り出すためには、戦術は1つのアイデアに限定されるべきだ。ライズとトラウトは「**マーケティングとは、単純なアイデアが複雑なアイデアを打ち負かすゲームである**」と断言している。

米国ピザチェーンのドミノ・ピザは、ピザの宅配に集中することによって成功した。「宅配」はそれ自体としては特に画期的ではなかったが、「宅配」に限定して全国規模のチェーン店を築き上げ、「30分で配達します」という戦術を同業他社に先駆けて打ち出すことができた。

これも、「宅配」という単一のアイデアに限定し、「30分で配達します」という戦術を継続的に

実現するために、ピザの大きさを2種類に減らし、トッピングの数も6種類に縮小して、飲み物はコーラだけという首尾一貫した戦略をとったからこそなしえた、とライズとトラウトは説明する。「宅配＋店内での飲食＋ハンバーガー＋ホットドック＋その他」のような複雑なアイデアではなかったからこそできたのである。

日本でも、自らを「日本の宅配ピザ市場を切り拓いたパイオニア」とポジショニングし、宅配ピザの草分け的存在として急成長を遂げた。

■「まず戦略ありき」で考えない

ドミノ・ピザの成功の要因は、**機能する単純な戦術を1つ見つけ出し、その戦術を戦略に転換し、単一の明快さを維持した**ことにある。従来のマーケティングのように、まず戦略を探し求め、その戦略の下で多くの異なった戦術をとったことによるものではない。

message 43

優れた戦略などない。戦術的に機能する戦略か機能しない戦略かのどちらかである

"There are no good strategies. There are strategies that work tactically and there are strategies that don't work tactically."(Bottom-Up Marketing)

■ 戦術と戦略の結びつきが重要

「良い戦略、悪い戦略」という言い方を耳にすることがある。しかし、**戦略は常に戦術とともに考えられるべき**であり、戦略だけを取り上げて議論すると、時に思いもかけない結末を招き、その戦略を撤回せざるを得ない結果となってしまう。

ライズとトラウトは、戦術と戦略の関係をジェット機のエンジン（戦術）と翼（戦略）にたとえ、どちらが重要なのかではなく、滑走路を離陸するには両者の結びつきが重要だと説いている。つまり、**戦略を戦術から切り離して、戦略の優劣をあれこれ思案しても意味がない**ということだ。

戦略の目的の1つは、戦術を最大限に機能さ

せるために、自社の経営資源を戦術に焦点を合わせて集結することである。もし、戦術的に戦略が機能しないようであれば、投入された経営資源は無駄に終わってしまう。

「**優れた戦略などない。戦術的に機能する戦略か、機能しない戦略かのどちらかである**」とライズとトラウトは明言している。

■戦術的に機能しなかった戦略の例

この例として、1980年代半ばのアメリカでのコーラ戦争が挙げられる。当時のコカ・コーラ社は、若い世代をターゲットに甘くてまろやかな味でシェアを伸ばしていたペプシコーラの躍進に危機感を募らせていた。中でも、ペプシコーラが行った目隠し調査（飲み比べ調査）で、試飲者の半数以上がペプシコーラを選んだことで、コカ・コーラ社は長年の味を変更して巻き返しを図るという大決断を下すことになる。

度重なる研究の末に出来上がった新しい味は、事前の市場調査では、従来品よりも美味しいなどと評価され、多くの人に好意的に受け取られた。コカ・コーラ社の首脳陣にとってみれば、この新しい味を「ニュー・コーク」とネーミングしてコカ・コーラを全面的に刷新することは、味で優位に立つペプシコーラを脅かす打ってつけの優れた戦略のように思われた。

しかし、長い歴史を誇り、業界のリーダーであるコカ・コーラの戦術は、伝統に基づく「これぞ本物の味」であったはず。にもかかわらず、新しい味への完全な移行、つまり自社の都合で従来の味を葬り去って新しい味に完全に切り替える戦略は、本物の味（戦術）に長年親しんできたコカ・コーラ愛飲家を裏切ることになる。

「ニュー・コーク」が唯一最高であるとして、従来の伝統的なコカ・コーラの味を突然スクラップにしてしまったこの戦略は、美味しくなったと評価された新しい味を最大限に活かすどころか、「昔の味を返せ」という抗議活動や「ニュー・コーク」の不買運動を引き起こし、コカ・コーラの愛飲家から猛反発を受ける結果となってしまった。

コカ・コーラ社は、思いもかけなかった事態に、「ニュー・コーク」発売からわずか3カ月ほどで、元の味を「コカ・コーラ　クラッシック」という商品名で復活させる羽目になる。

新しい味の「ニュー・コーク」に全面的に切り替えたこの戦略は世紀の大失敗に終わり、研究や市場調査、そして大キャンペーンに投資した莫大な経営資源も水の泡となってしまった。

まさに**戦術的に機能しなかった戦略**の典型である。

message 44

新しいアイデアはどれも先行投資が必要である

"Any new idea requires up-front investing."(Bottom-Up Marketing)

■アイデア実現には投資が必要

どんなに素晴らしい戦術、つまり革新的なアイデアであっても、それが実行に移されなければ意味がない。そのアイデアが戦略に組み入れられたマーケティング計画を実行していくために必要なのが経営資源、とりわけ資金である。

商品開発、流通チャネルの確立、広告・宣伝など、アイデアを実現するための諸活動には資金が必要だ。ライズとトラウトは「**新しいアイデアはどれも先行投資が必要である**」と言う。

しかし、「数億円の工場建設は取締役会で賛成多数で承認されたとしても、数億円規模のマーケティング計画の承認をもらうことは並大抵のことではない」と嘆いている。特に、成功するかどうかもわからない新商品に莫大な資金を投入し、リスクを冒してでも実行に移す経営者は多くはないだろう。

■中途半端な取り組みなら、やらないほうがマシ！

リスクを少なくするために、少ない資金で試験的にやってみてから決める。あるいは、要求した予算よりかなり少ない額しか承認されないなど、よく見られる光景だ。

マーケティングで重要な仕事の1つは、自らが立案したマーケティング計画を実行に移すための資金獲得である。

十分な資金が得られないのであれば中途半端に取りかからない方がよい、とライズとトラウトは警告する。最悪なのが、途中で資金不足に陥ることである。それまでの投資と努力が無駄になってしまうからだ。

第5章

すべては「優勝劣敗」の定理に基づく

chapter 5

message 45

マーケティングは戦争であり、戦争の第一原理は力の原理である

"Marketing is war and the first principle of warfare is the principle of force."(Bottom-Up Marketing)

■マーケティングでは、力の強い者が勝つ

秋山真之は、「海軍基本戦術」（『秋山真之戦術論集』中央公論新社刊）の中で次のように述べている。

「凡そ二個の兵軍一地点に於て各其兵力を集合して相戦うときは其兵力優れるものは勝ち、劣れるものは敗れる」

これが「**優勝劣敗**」の定理である。

今日のマーケティングは企業間の戦いであり、戦いである以上、戦争のこの定理が当てはまる。ライズとトラウトも「**マーケティングは戦争であり、戦争の第一原理は力の原理である**」と秋山と同じことを述べている。つまり、2つの企業が同じ市場でまともに戦えば、より大きくて力の強い企業が勝ち、劣る企業が敗れて市場か

ら姿を消していく。

より大きな企業は、より多くの広告宣伝費を使え、より大きな調査部門を持つことができ、より強力な販売網を有することができるからだ。

■小さい企業は特定セグメントに経営資源を集中させる

では、より小さな企業には未来はないのだろうか。ライズとトラウトは「**未来はある**」と断言する。そして、ナポレオンの次の言葉を引用している。

「**総体的な兵力において劣る場合の戦い方は、交戦地点に敵よりも常に多くの兵力を配置することだ**」

マーケティングでは、**より小さな企業は市場全体を狙うのではなく、特定のセグメントに的を絞り、そこに経営資源を集中させる**ことだ。これにより、その地点に於いては総体的に勝る競合に対しても優勢となり、「優勝劣敗」の定理に従って勝つことができるのである。

message 46

マーケティング戦争の戦い方は一つではない

"There is no one way to fight a marketing war."(Marketing Warfare)

■マーケティングの4つの戦い方

マーケティングが企業間戦争である限り、競合との戦い方が非常に重要となる。ライズとトラウトは「**マーケティング戦争の戦い方は、1つではない。むしろ、4つの戦い方がある**」と述べている。

その4つの戦い方のうち、どの戦い方を選ぶかによって勝敗が決する。わずかなシェアしか持たない下位の企業が、トップのシェアを持つマーケット・リーダーと同じ戦い方などできない。仮に試みたとしても機能しないだろう。両者では、経営資源、強み・弱み、そして、企業目標などが大きく異なるからだ。このことを理解せず、無謀な戦い方をしている企業の何と多いことか。

図表７　マーケティングの４つの戦い方

方法	主体となる企業
①防御法	トップシェアを持つリーダー企業
②弱点攻撃法	シェア２～３位の企業
③側面攻撃法	シェアの低い企業
④ゲリラ攻撃法	弱小企業

ライズとトラウトは、シェアに基づく市場でのポジションを大きく4つに分類し、その4つに分類されたポジションによって戦い方が決まるとしている。それぞれのポジションにおける戦い方は、トップのシェアを持つリーダーだけに許される「**防御法**」、リーダーに対抗できるシェア2位、3位の企業に適する「**弱点攻撃法**」、シェアが低い企業でも可能な、敵の意表をつく「**側面攻撃法**」、そして、弱小企業が市場の隙間を狙う「**ゲリラ攻撃法**」の4つである（図表7）。

■すべての企業に最適な戦略などない

このように、マーケティングではそれぞれの市場ポジションにより、それに応じた戦い方があるため、自社に適した戦い方を知ることが何よりも重要となる。戦い方も知らずに安易に戦争に突入するのではなく、まず戦い方をしっかりと学ぶことが先決だと腹をくくることである。このことこそが、マーケティング担当者にとって最初に下すべき最も重要な決断である、とライズとトラウトは忠告する。

さらに、ライズとトラウトは、「**すべての企業に最適な戦略など存在しない**」とした上で、「**戦略の良し悪しは、誰がその戦略を使うかによって決まる**」とも述べている。マーケット・リーダーにとって良い戦略であっても、同じ市場の下位企業にとっては悪しき戦略となり、その逆もまた真なりである。**重要なのは、自社が市場の中でどのポジションにいるかであり、それによってとるべき戦い方も戦略も決まってくる。**

message **47**

防御法を選択できるのはマーケット・リーダーのみである（防御法①）

"Only the market leader should consider playing defense."(Marketing Warfare)

■「自称リーダー企業」が多い理由

戦い方の一つである「防御法」は、リーダーだけに許される戦法であり、ライズとトラウトは「**防御法を選択できるのはマーケット・リーダーのみである**」と明言している。しかし、この原則は「単純なように思えるかもしれないが、実はそうではない」とも述べている。その理由は、各市場でリーダーは1社のみにもかかわらず、自称リーダーとして振る舞う企業が多いからだ。

自社がリーダーであると名乗り出るのは、多くの場合、市場の現実に基づくものではなく、自らの勝手な定義によるものである、と二人は指摘する。

■リーダーを決めるのは顧客である

リーダーとは、企業が決めるものではない。顧客が決めるものだ。顧客にリーダーであると思われる者が、真のリーダーなのだ。顧客および見込み客の心の中に存在するリーダーこそが真のリーダーである。

顧客にリーダーであると思われてこそ、自社商品を購入してもらう強い動機づけとなる。ところが、「他人に自社がリーダーであると信じ込ませるためには、まず自社がリーダーであると自分自身に思い込ませる必要があると考えている」とライズとトラウトは指摘し、「こんな考えはキッパリと止めなさい」と忠告している。

「マーケティング戦略を立てる上で、自己欺瞞が入り込む余地などない」のであり、「**敵を欺いてもよいが、決して自分自身を欺いてはいけない**」というライズとトラウトのこの言葉を忘れてはならない。

message 48

最高の防御法とは、勇気をもって自らを攻撃することだ（防御法②）

"The best defensive strategy is the courage to attack yourself."(Marketing Warfare)

■「自社を攻撃する」防御法

マーケット・リーダーは、顧客の心の中に確固たるポジションを築いている。そして「**自らのポジションをさらに強固なものにする最善策は、自らを絶え間なく攻撃することだ**」とライズとトラウトは述べている。

「防御法」と「自らを攻撃すること」とは一見矛盾するように思えるが、どのような関係があるのだろうか。ライズとトラウトはこの疑問に対して、「**自社の製品やサービスを陳腐化するような新製品や新サービスを次々に導入することによって自らのポジションを強固にすることである**」と述べている。つまり、リーダーとしての自社のポジションを自らが積極的に攻めて進化させ、常に競合より一歩先を行くことが最大の「防御法」なのである。

■アップルが断行した最高の防御法

アップルを一躍有名にしたのは、携帯デジタル音楽プレーヤーの「iPod」である。「iPod mini」は銀座の直営店で発売開始からわずか6時間で1500台を完売した。その後も、販売台数と売り上げは急増し、日本の大手電機メーカーや専業メーカーも類似品でその市場に参入することになる。

ここで競合を驚かせたのは、「iPod mini」の発売から1年半も経たないうちに後継機となる「iPod nano」を発表し、入れ替えに「iPod mini」を廃止してしまったことだ。

爆発的に売れていた主力商品を自らの新商品で攻撃し、切り捨てることによって「iPod」をさらに進化させ、競合他社の追随を許さなかったのである。まさにこの戦法こそ、リーダーがとるべき攻撃的防御法なのである。

「**最高の防御法とは勇気をもって自らを攻撃することだ**」とライズとトラウトが力説する所以である。

message 49

優位性の高い競合の仕掛けを察知したら、迷わず阻止せよ（防御法③）

"Strong competitive moves should always be blocked."(Marketing Warfare)

■敵は早く叩くに限る

多くの企業にとっては、勝利のチャンスは1回しかない。一方、リーダーは、競合に先を越されても、反撃して挽回できることがよくある。

そのためには、競合がその仕掛けを軌道に乗せてしまう前に、リーダーは素早く対処しなければならない。にもかかわらず、メンツやプライドが邪魔をして阻止することを拒んでしまうこともある。

ライズとトラウトは「**優位性の高い競合の仕掛けを察知したら、迷わず阻止せよ**」と明言している。

競合が、見込み客の心の中に新たな印象を刻み込むには時間がかかる。そして、それは大抵の場合、リーダーが挽回するに十分な時間でもある。

■ビール戦争にみる、勝者の防御法

飽和状態にあったビール系市場において、当時シェア3位のサッポロビールが市場に送り出したのが、原料に麦や麦芽を一切使用せず、エンドウ豆由来のたんぱくを使った「ドラフトワン」という新しいアルコール飲料だった。低価格で、すっきりとしたビール風の味が受け、「第三のビール」あるいは「ビール風アルコール飲料」と呼ばれて、予想以上の売れ行きを示した。

サッポロビールに続いて、サントリーも発泡酒に麦焼酎を加えた「スーパーブルー」で第三のビール市場に参入し、これも売れ行きは好調であった。

アサヒビールとトップシェアを争うキリンビールは、しばらく様子見の姿勢を続けていたが、第三のビールが一時的なブームではないと判断するや、「のどごし〈生〉」でそのカテゴリーに参入し、大量のテレビCMや大々的なキャンペーンを展開して先駆者のサッポロビールの動きを封じ込めてしまった。そして、発売を開始したその年に第三のビール市場においてサッポロビールから首位の座を奪い取ってしまったのである。

さらに、「のどごし〈生〉」の宣伝で「おかげさまで売上げNo.1」と大々的に謳うことにより、顧客の心の中にこのカテゴリーでのリーダーとしてのポジションを築きあげてしまった。第三のビールの先駆者であるサッポロビールは、キリンビールの攻勢を受けて〝一番手〟であることを顧客の心の中に明確に焼きつける前に追い出されてしまったのである。

message **50**

最初に注目すべきは、リーダーの強みである（弱点攻撃法①）

"The main consideration is the strength of the leader's position."(Marketing Warfare)

■自社ではなく、リーダーの強みに注目

リーダーにとっての戦い方が「防御法」であるのに対して、「弱点攻撃法」はリーダーに対して攻撃を維持していけるだけの企業体力をもつナンバー2あるいは3の企業の戦い方である。

マーケティング上の問題に直面したときに、ほとんどの企業が真っ先に行うことは、自社の強み（Strength）・弱み（Weakness）などの洗い出しである。そして、その結果をまるで自社がリーダーであるかのように話し、振る舞う。

しかし、ナンバー2あるいは3の企業にとって、「**まず注目すべきは、リーダーの強みである**」とライズとトラウトは忠告している。具体的に言えば、**リーダーの商品、営業力、価格、流通網など、何が彼らの強みなのかをまず分析する**

ことだ。ナンバー2の企業が、あるカテゴリーで自社の強みを自負したとしても、それがリーダーの強みでもあったとすると、勝つことなど到底できない。競争志向の下でのSWOT分析は、従来のそれと大きく異なることは第1章で説明した。

■リーダーの強みから、突破口を考える

リーダーは顧客の心の中に確固たるポジションを築いている。知的競争に勝つためには、リーダーをまず顧客の心の中から追い払わなければならない。そのためには、**自社が成功するだけでは十分ではない。他社が失敗してくれることが必要となる。**他社とは他でもない、リーダーのことである。

マーケティング計画の多くは、自社の市場シェアを上げることを目標としているため、限られた市場で各社が同じようなシェアアップの計画を作りがちとなる。

ナンバー2にとって、より効果的な戦い方を立案するには、リーダーの強みを分析して、「**どうしたら、リーダーの市場シェアを下げることができるだろうか**」と自問してみることだ、とライズとトラウトは述べている。

message 51

リーダーの強みの裏に潜む弱みを見つけ出し、そこを攻撃せよ（弱点攻撃法②）

"Find a weakness in the leader's strength and attack at that point."(Marketing Warfare)

■リーダーの強みゆえの弱みを攻撃せよ

優勢なリーダーと戦うとき、彼らの強みを攻撃しても勝負にならない。リーダーにも弱点は必ずあり、その弱点を自社の強みで攻撃する。これが、力の強いリーダーとの戦い方の鉄則である。

ライズとトラウトは、リーダーに対する戦い方の極意として、「**リーダーの強みの裏に潜む弱みを見つけ出し、そこを攻撃せよ**」とアドバイスしている。リーダーの強みの裏に潜む弱みとは、強みを発揮するために犠牲となっている弱点のことであり、強みゆえの弱点であるためリーダーも簡単には軌道修正ができない。

■マクドナルドの強みの裏に隠れた弱点を突いたモスバーガー

1990年代に、ハンバーガー業界のリーダーであるマクドナルドの強みの裏に隠れた弱点を攻撃して、ナンバー2の地位を築いたのがモスバーガーだった。

当時、マクドナルドの強みの1つが「速さ」であり、注文を受けてすぐにハンバーガーが出せるように、「作り置き」システムを採用していた。しかし、この強みの裏には大きな弱点が隠されていることがわかる。「作り置き」は、作りたてではないため、味の面では劣ってしまうことになる。

この弱点を突いたのがモスバーガーだった。マクドナルドの「作り置き」とは正反対に、すべての注文を聞いてから作ることにより、常に「作りたてのおいしさ」を提供できるのだ。また、「作り置き」によるロスがないため、独創的なメニューでハンバーガーの種類も増やすことができ、シェアを伸ばしていったのである。

一方、王者マクドナルドは、自社の強みに潜む致命的弱点を突かれ、その弱点を克服しようにもすぐにはできなかった。できたてのハンバーガーを提供する新システム「メイド・フォー・ユー（Made For You）」をマクドナルドがほぼ全店で導入できたのは2004年になってからである。

message 52

可能な限り攻撃地点を狭めて攻めよ（弱点攻撃法③）

"Launch the attack on as narrow a front as possible."(Marketing Warfare)

■弱者はターゲットを絞れ

幅広い商品ラインで市場全体をカバーできるのは、リーダーだけに許される特権である。総合力で上回るリーダーを相手に、下位の企業が市場全体を狙って攻撃しても、「優勝劣敗」の定理に従い、勝算は見込めない。

ライズとトラウトは「**可能な限り攻撃地点を狭めて攻めよ**」と忠告している。つまり、**ターゲットを絞り、そこに集中することで優位性を築き、リーダーに対して優勢となるのだ。**

■若者にターゲットを絞ったペプシコーラ

この成功例として、再度アメリカのコーラ戦争を見ることにしよう。コーラ市場でのリーダーは誰もが認めるコカ・コーラであり、1960年のシェアは、2・5対1で第2位のペプシコーラを圧倒していた。このような状況の下、ペプシコーラが打ち出したのが「ペプシ・ジェネレーション」という大キャンペーンであった。

コカ・コーラは、世界初のコーラ飲料であり、ペプシコーラが市場に出る前から多くの人に飲まれていた。したがって、年配の人は慣れ親しんだコカ・コーラを飲み、比較的若い人はペプシコーラを飲む傾向にあった。

そこでペプシコーラは、1961年に「ペプシ、それは若さ溢れるあなたのために」というスローガンを掲げ、あえてターゲットを絞った。1980年代に入ると若者に圧倒的な人気があったマイケル・ジャクソンをCMに起用して全米で大きな話題となり、1985年には、コカ・コーラを1対1・15まで追い上げる大躍進を果たす。そして、コカ・コーラにあの世紀の大失敗となる味の変更を決行させることになるのである。

このように、**リーダーに対しては攻撃地点を狭めること**。間違っても、市場全体をターゲットにしようなどと考えてはならない。

message 53

未開拓の領域を攻めるのが、優れた側面攻撃である（側面攻撃法①）

"A good flanking move must be made into an uncontested area."(Marketing Warfare)

■大胆な仕掛けこそ側面攻撃

「防御法」や「弱点攻撃法」と異なり、市場でのシェアが低い企業にとっても適する戦法が「側面攻撃法」である。

「側面攻撃」とは、類似品や改良品ではなく、革新的な新商品で市場に打って出る大胆な仕掛けである。成功すれば大きな戦果が得られるが、予測が難しいためリスクも高くなる。

この戦法の第一原則として、「**未開拓の領域を攻めるのが、優れた側面攻撃である**」とライズとトラウトは述べている。つまり、競合がまだ手をつけていない未開拓の領域を新しいカテゴリーとして創造し、そこに新商品を導入してそのカテゴリーを維持していくことが、側面攻撃を成功に導く第一の要因となる。

■スタバの開拓した新領域

ただし、ここで述べる新商品とは、必ずしも市場にはまだ存在していない商品である必要はなく、既存の商品でもかまわない。**必要不可欠なのは、戦術上の斬新な切り口であり、かつてない目新しさや独自性、おもしろさの要素である。**

日本でも人気の高いスターバックスコーヒー。彼らが提供するコーヒー自体は数百年も前から存在し、特に革新的とは言えない。彼らの独自性とは、美味しいコーヒーに加え、店内のくつろげる空間や従業員の温かいおもてなしなど、従来のカフェには見られなかった価値を提供し、コーヒーの新しい飲み方を提案したことにある。

これにより、カフェ市場において新しいカテゴリー（サードプレイス）を創り出し、先発のドトールコーヒーとは一線を引いて店舗を拡大していったのである。

message 54

戦術的な不意打ちを仕掛けることが大事な要素となる（側面攻撃法②）

"Tactical surprise ought to be an important element of the plan."(Marketing Warfare)

■不意打ちの有効性

「側面攻撃」は、その性質上、奇襲攻撃と言える。ライズとトラウトは「**戦術的な不意打ちを仕掛けることが、側面攻撃の大事な要素となる**」と述べている。

この点において、攻撃の性質や方向性が見通せる「防御法」や「弱点攻撃法」と異なる。最も優れた「側面攻撃」とは、誰も予期していなかった仕掛けである。その驚きが大きければ大きいほど、競合が反撃し、挽回を試みるのにより長い時間がかかる、とライズとトラウトは指摘している。

さらに、「**不意打ちが、競合の士気を低下させることもよくある**」と二人は付け加える。

そして「**不意打ちを仕掛けられた競合の営業**

部隊は、一時的に言葉も出なくなり、本社からの指示が出るまで、顧客に何と言えばよいのかわからないことも多い」と現場の状況を述べている。

■リサーチやテストマーケティングはもろ刃の剣

不意打ちが「側面攻撃」の成功を決するが、残念なことに、テストマーケティングやリサーチを繰り返すことにより、事前にその動きが競合に漏れてしまい、潰されてしまうこともよくある。

テストマーケティングはもろ刃の剣と言えるだろう。実行してうまく行かなければ軌道修正や本格参入を見送る判断材料となり、リスクを回避することができる。しかし、成功した場合は、競合に事前に手の内を見せることとなり、不意打ちによる驚きは失われることになる。

message 55

追撃は初動の攻撃に劣らず極めて重要である（側面攻撃法③）

"The pursuit is just as critical as the attack itself."(Marketing Warfare)

■多くの企業が犯しがちなミス

「側面攻撃」にとっての3番目の原則は**継続性**である。継続性がなければ、どんな勝利も大きな戦果は得られない。

しかし、非常に多くの企業が、初期のマーケティング目標を達成すると、経営資源を他の事業に回してしまう傾向にある。これは、特に「側面攻撃」にとって大きな間違いである。

また、将来成功が見込める事業や商品ではなく、過去に失敗した事業を立て直すことに経営資源を回してしまうこともしばしば見られる。しかも、それが経済的というよりも、むしろ感情的な理由からであることを、ライズとトラウトは鋭く突いている。

■追撃の手は緩めるな

彼らは「**追撃は初動の攻撃に劣らず極めて重要である**」と主張する。つまり、成功し始めた側面攻撃には、経営資源を注ぎ続け、成功を確かなものにしなければならない。見込み客の心の中に確固たるポジションを築ける最高のタイミングは、商品が新しく、話題を集め、競争がまだそれほど厳しくないときだ。この時期こそが、数少ない絶好のタイミングであり、決して攻撃の手を緩めてはならない。

では、初期に成功しても追撃できるだけの十分な経営資源がない場合はどうすればよいのか。

「**率先して側面攻撃を仕掛けるべきではないだろう。むしろゲリラ攻撃に徹すべきだ**」とライズとトラウトは警告している。

message 56

十分に守り切れる小さな市場セグメントを見つけ出せ（ゲリラ攻撃法①）

"Find a segment of the market small enough to defend."(Marketing Warfare)

■「鶏口となるも牛後となるなかれ」

小規模の企業にとっても、大企業を相手に市場で戦術的な優位性を創り出せるのが「ゲリラ攻撃法」である。

ここでの規模とは、単に資本金や売上高の観点から評価する絶対的なものではない。同業の競合企業と比較した場合の相対的な規模のことである。ある業界では最小の規模であっても、別の業界で見ればトップ企業よりも資本金や売上高で上回っていることもあり得るからだ。

「ゲリラ攻撃」は、戦争の原則、つまり「優勝劣敗の定理」に反するものではない。交戦の場を狭めてこの定理を利用し、相対的な優位性を創り出すことである。言い替えれば、「**鶏口となるも牛後となるなかれ**」を試みるのがゲリラ企業の定義と言える。

ライズとトラウトは「**十分に守り切れる小さな市場セグメントを見つけ出せ**」と述べている。そして、そこに集中するのが古典的なゲリラ戦法である。

ゲリラ攻撃は側面攻撃のように見える面もあるが、両者には大きな違いがある。側面攻撃は、リーダーのポジション近くに意図的に不意打ちの攻撃を仕掛け、リーダーからシェアを奪い取るのがその目的である。

一方、ゲリラ企業にとっては、リーダーを相手にそれだけのことをする経営資源はない。**リーダーが興味を示さないようなニッチ市場に限定してそこに集中するのがゲリラ攻撃**である。

■地域性を活かして地元ではトップシェアとなる

地域性を利用して交戦の場を狭め、その地域（ニッチ市場）に限定してトップのシェアを長年維持している企業がある。沖縄のオリオンビールだ。

激戦が続く国内ビール系市場において、オリオンビールはシェアが1％にも満たない、まさに弱小企業である。ところが、沖縄に行くと、マーケット・リーダーのアサヒビールやキリンビールよりも圧倒的に知名度が高く、オリオンビールの沖縄県内のシェアは5割を超えるとも言われている。

オリオンビールは、大手ビールメーカーにすれば市場としては非常に小さな沖縄というセグメントに特化し、その特化している南国・沖縄の気候や食文化に適した〝味〟にこだわり、沖縄の県民ビールとして長年沖縄の人に親しまれている。つまり、**ニッチ市場である沖縄に根を下ろし、沖縄の人の心の中に確固たるポジションを築きあげてしまっているのだ。**

したがって、大手ビールメーカーは、コストと時間をかけて敢えて沖縄でオリオンビールを攻めるだけの動機が見出せないため、オリオンビールは沖縄でトップのシェアを維持できているのである。

アサヒビールと提携関係を結び、沖縄県外の沖縄料理店などを中心にオリオンビールが提供されているが、あくまで沖縄にこだわった戦術・戦略で大手ビール4社とは一線を引いている。まさに、「**鶏口となるも牛後となるなかれ**」を地で行く地域特化型の企業である。

message 57

どんなに成功してもリーダーのように振る舞ってはならない（ゲリラ攻撃法②）

"No matter how successful you become, never act like the leader."(Marketing Warfare)

■ゲリラ企業の本分を守れ

ライズとトラウトは「**ゲリラ企業は、どんなに成功しても決してリーダーのように振る舞ってはならない**」と戒めている。ゲリラ企業のトップが、高級車を使用し、豪華な社長室を構えるようになったら、それは凋落《ちょうらく》への第一歩である。

「ゲリラ攻撃」の本質は、大企業にとっての戦略とはまさに逆である。成功するゲリラ企業は、大企業とは異なるスリムな組織、そしてスピード感のある機動力で運営されている。間接部門に人員を配置するよりも、競合との戦いの場である前線に最大限の人員を送り込んでいる。

■ゲリラ企業では、全員が直接部門たれ

ベトナム戦争時の1968年、ベトナムには54万3000人のアメリカ兵がいたが、その内戦闘員は約8000人に過ぎなかった。残りは、戦闘員に食料などの供給やサービスを行う仕事に従事していたという。アメリカという大企業が、ベトコンというゲリラ企業に勝てなかった理由の1つがこれだ、とライズとトラウトはベトナム戦争を例に指摘している。

成功して社員が増えたぐらいで、大企業のように会社の体裁を繕うようなことを考えてはならない。

ゲリラ企業は、できることなら全員を間接部門ではなく直接部門に配置すべきである、とライズとトラウトは忠告している。直接部門に集約した組織は、市場の変化に対応するスピードも速くなる。

message 58

いつでも退去できるように準備をしておくこと（ゲリラ攻撃法③）

"Be prepared to bug out at a moment's notice."(Marketing Warfare)

■進退のスピードこそが最大の武器

「戦いが自社にとって不利になれば、躊躇なく自社のポジションあるいは商品を放棄しなさい」とライズとトラウトは忠告している。ゲリラ企業は、勝ち目のない戦いに浪費する経営資源など持ち合わせていない。形勢が悪くなれば、早く見切りをつけ、撤退することに時間をかけてはならない。

「ゲリラ攻撃」は他の攻撃法とはその性格において大きく異なるため、ライズとトラウトはその心構えを以下のように端的に述べている。

「ゲリラ攻撃では、何時でも退去できるように準備をしておくこと」

小さな企業は、大企業に比べれば、社内の葛藤や争いもなく自社を変えることができる。また、役職や人員も限られているため、勝算が見込めない事業や商品から撤退しても、大企業のように自らの地位や仕事を失うような役員もいないだろう。

したがって、ゲリラ企業は、チャンスと見れば素早く市場に参入し、状況によっては躊躇なく撤退できる柔軟性を最大限に利用すべきだ。これこそが、ゲリラ企業にとっての最大のメリットと言える。

ナショナルブランドが何らかの理由で撤退しようとしている領域に飛び込み、その領域を奪い取ってしまうこともまったく不可能というわけではない。あるいは、**市場がまだ存続しているにもかかわらず空白となっている領域に素早く入り込み、その空白地帯を埋めることも大いに可能性がある**、とライズとトラウトは示唆している。

■アナログレコードブームの背景

1982年のCDの出現により、瞬く間に音楽メディアの地位を置き換えられてしまったのがアナログレコードである。レコードの存在そのものさえ知らない世代も珍しくなくなってきた。

時代はさらに変わり、CDからデジタル配信の時代に入ったが、アナログレコードの人気がまったくなくなったわけではなく、生産は続けられている。そして、２０１５年にはアナログレコードの生産量は66万枚を超え（日本レコード協会発表）、過去10年で最も高い数字となった。

ＣＤが主流になった後も、アナログレコードはデジタルの音源にはない音質にこだわるマニアによって主に支持されてきたが、ＣＤに比べればはるかに市場は小さくなり、多くのメーカーがレコードプレーヤーの生産から撤退していった。また、継続しているメーカーも、生産している機種はマニア向けの比較的高価なプレーヤーが多かった。

このような状況の中、アナログレコード復活に貢献したのが、レコードの初心者にとっても手軽に購入できる低価格のレコードプレーヤーの存在だ。その中の１つが、インミュージックジャパンが製造販売するＩＯＮ　ＡＵＤＩＯブランドの「Ａｒｃｈｉｖｅ　ＬＰ」で、ＵＳＢ端子とステレオ・スピーカを搭載したオールインワンタイプのターンテーブルである。

レコードをすぐに聴ける手軽さやＵＳＢ接続でパソコンやスマートフォンに曲を取り組むことができるのも魅力的だが、何と言っても販売好調の要因は実質１万円を切る価格にある。マニア向けではなく、アナログレコードを懐かしむシニア層やアナログレコードを知らない初心者の領域に入り込み、うまくその空白を埋めることによって一時生産が追いつかないほどの大ヒットを記録した。

そのインミュージックジャパンは、レコードプレーヤーの主要メーカーでも純粋なオーディオメーカーでもない。従業員12名（執筆当時）でその半数以上が楽器エンジニアで構成されているユニークな企業である。

第6章

マーケティングの常識を疑う

chapter 6

message 59

マーケティングは軍事に比べれば安全な職業だ。経営戦略に逆らっても、職を失うだけで済む

"Marketing is a safer occupation than the military. Disagreeing with corporate strategy can only cost you your job."(Bottom-Up Marketing)

■戦術的に実行できない戦略は無意味

ライズとトラウトは、マーケティングを戦争にたとえる。二人は著書の中で、軍司令官をしばしば引き合いに出しているが、中でも、第二次世界大戦で著しい働きをしたドイツの陸軍元帥エルヴィン・ロンメルを称賛している。ロンメルは、戦線で挙げた功績から「砂漠の狐」の異名を持ち、連合国側からも非常に高い評価を得ていた。

そのロンメルは、「**戦術的に実行できないような戦略計画は、それが戦略上最高であっても使い物にならない**」と述べ、戦闘が行われている前線にいることを何よりも信条としていた現場主義の指揮官であった。

■マーケティングリーダーは現場から指揮をとれ

このロンメルを念頭に置いて、ライズとトラウトは「**マーケティング戦争における最高のリーダーとは、現場から指揮をとる人間だ**」と述べている。しかし、ロンメルは、ナチス党首であったヒトラーの命令に従わなかったことにより、命を失うことになる。

マーケティングは戦争である。しかし、「**マーケティングは軍事に比べれば安全な職業だ。経営戦略に逆らっても、職を失うだけで済む**」と、ライズとトラウトはマーケティング担当者を叱咤激励している。

message 60

マーケティングにおいて最も役に立たない行為は、会議室のテーブルを囲んで戦略をあれこれ評価することだ

"One of the most useless exercises in marketing is sitting around a conference table evaluating strategies."(Bottom-Up Marketing)

■ 事件は会議室で起こっていない

マーケティング計画の作成・実施・管理は、マーケティングを担当する者に課せられた重要な業務である。

仕事が広範囲にわたるマーケティング担当者は、数多くの会議への出席や書類の作成、事務処理などに忙殺されることも少なくない。そのため、マーケティングで最も重要な現場に出向く時間を十分に取らず、1日の大半をオフィスで過ごすことも多々見られる。

しかし、前述したように、**マーケティングの戦場は、顧客、そして見込み客の心の中である。**彼らの考えを探れる場所こそが現場であり、自社のオフィスなどではないことを忘れてはならない。

■ 事件は現場で起こっている

あるスーパーの店長が、店を開業するにあたり、その周辺を自ら歩き回ってお客様が通る道筋や風景を確認した。その目的は、「お客様が何を考えながら来店するかを想像して売り場をつくるためだ」（2014年1月24日付「日経MJ」）という。

マーケティング計画は本来、現場への訪問を基に作成され、実施されるべきである。現場とは程遠いオフィスであれこれ思案しても何の役にも立たない。ライズとトラウトは「**マーケティングにおいて最も役に立たない行為は会議室のテーブルを囲んで戦略をあれこれ評価することだ**」と強く非難し、「**オフィスにいてマーケティングの業務が遂行できると考えるマーケティング担当者が多すぎる**」と嘆いている。

現場での十分な理解がないマーケティング担当者が、現実に直面し、作成した計画が自らの思い込みや勝手な判断に基づいたものであったと気づいて慌てることがある。そのときに悔やんでも、もはや取り返しはつかない。

message 61

第一印象を疑ってはいけない。見込み客は自らの第一印象で行動する

"Don't be suspicious of your first impression. Prospects act on their first impressions."(Bottom-Up Marketing)

■事実かどうかは問題ではない

「**マーケティングとは知覚の戦いである**」とライズとトラウトが力説していることは前述した。知覚とはあくまでも個人の認識であり、事実と必ずしも一致するわけではないことも説明した。

初対面から得られる第一印象もまた知覚であり、必ずしもその人自身（事実）を忠実に表しているとは限らない。しかし、ライズとトラウトが「**人間の心はすぐに判断したがる**」と指摘するように、人間の心の中では、第一印象がその人自身（事実）と入れ替わり、その人の現実の姿となってしまうのである。

■第一印象は事実とは異なってても現実となってしまう

第一印象が人間の心の中で現実となってしまうと、その後の考え方に大きな影響を及ぼすことになる。第一印象の良い人に対しては、後々何か問題が起こっても、「あの人に限ってそんなはずはない」と好意的に考えるようになる。逆に、第一印象の悪い人が何か問題を起こすと、「やはりそうだったか」と否定的にとらえてしまう。そうでないにしても、第一印象の悪さを払拭するにはかなりの時間を要する。第一印象が必ずしもその人を正確に表していないにもかかわらずである。

このことは人に対してだけではない。企業や商品に対しても同じことが言える。

ライズとトラウトは「**第一印象を疑ってはいけない。見込み客は自らの第一印象で行動する**」と警鐘を鳴らす。第一印象が事実とは異なっているとしてもである。

message 62

明らかに優れた商品に対峙したときは、マーケティングのことは忘れなさい

"When you're up against a clearly superior product, you can forget about marketing."(Bottom-Up Marketing)

■マーケティングは魔法ではない

マーケティングを学ぶことにより、低迷している売り上げがすぐに回復する、あるいは、自然に商品が売れるようになる、などと期待する向きがある。

マーケティングは、売れない商品をヒット商品にする魔法の「特効薬」ではない。「**明らかに優れた商品に対峙したときは、マーケティングのことは忘れなさい**」と、ライズとトラウトは断言する。そして、ゼロックス社の普通紙複写機の例を挙げている。

日常生活の中で今ではごく当たり前に使用されている普通紙複写機は、ゼロックス社によって開発された。それまでコダック社やスリーエム社が販売していた複写機は、それ専用の用紙

を使う感熱式であった。しかし、ゼロックス社が世界初の普通紙複写機を市場に送り出すや、予想通り、他方式の旧型複写機を一掃してしまったのである。

このゼロックスの普通紙複写機の普及により、アメリカではコピーのことを「ゼロックス」、コピーを取ることを「ゼロックスする」と呼ぶなど、まさに商標名がコピーの代名詞として使われるようになった。

■マーケティングでは勝てないケースもある

ライズとトラウトは続ける。

「マーケティングの原理を学ぶことが役に立たないことがある。この例のように、特殊な専用紙を使わなければならない商品で普通紙でも間に合う商品と戦わなければならないときだ」

しかし、この普通紙複写機のように、明らかに優れている商品はめったにあるものではないことも事実である。

message 63

くずの山の中に最高のアイデアがある

"You find some of your best ideas in the discard pile."(Bottom-Up Marketing)

■優れたアイデアはシンプルである

ヒット商品を生み出すアイデアは非常にシンプルである。そのため、「**マーケティング上の最高の仕掛けが、前もって大成功するように見えることは稀だ**」と、ライズとトラウトは述べている。

役員会などで満場一致で賛同を得られるようなアイデアであれば、すでに他社で採用されているか、採用が目前であると考えた方がよい。

キングジムが販売するデジタルメモ機「ポメラ」は、開発担当者が役員会でそのアイデアと戦略を提案したとき、役員の反応は懐疑的であったという。会議や打ち合わせでのメモ専用として開発されたため、デジタル機器でありながら、メールやネットなどの通信機能がなく、文字を入力するだけの働きしかない。電子辞書機能もなく、ただテキストを入力するだけのデジタル機器がヒットするようには見えないのも当然であった。

■「ダイヤの原石」は捨てられたくずの中に眠っていることがある

ところが、1人の社外取締役がそのアイデアに賛同した。その社外取締役は大学の教授で、外出先で原稿を書くのに最適な道具がないことに不満を持っていたため、「ポメラ」はまさに待ち望んでいた商品だったのである。

これを聞いた社長の判断で実際に商品化して販売に踏み切ると、予想を超える出荷台数となり、ほぼ品切れ状態となってしまった。

シンプルゆえ誰も賛同しないようなアイデアは、競合も却下してしまうことが多い。「**くずの山の中に最高のアイデアがある**」と、ライズとトラウトが述べるように、ダイヤモンドの原石は捨てられたくずの中に眠っていることがある。

message 64

将来を予測することはできないが、創り出すことはできる

"You can't predict the future. You can create the future."(Bottom-Up Marketing)

■ 将来を正確に予測することはできない

マーケティング計画には通常、将来の予測に基づいた今後の販売計画が含まれている。このような状況を見て、**「最先端の技術を駆使しても、3日先の天候すら正確に予測できないのに、どうして3年先を予測できるだろう」**とライズとトラウトは疑問を呈している。

身近に起こる短期的な変化を、マスコミが重大事のように取り上げて報道することにより、企業もそれが一時的なブームなのか、将来も続く長期的なトレンドとなるのか、判断に迷うことがある。さらに、予期しないことが常に起こるため、将来を正確に予測することなどできない。

■無から時流をつくり出すことこそ、マーケティングの醍醐味

しかし、「将来を予測することはできないが、創り出すことはできる」と、ライズとトラウトは主張し、「将来を創造するとは、商品を市場に投入し、それがまさに成功して時流を創り上げることである」と補足する。

言い替えれば、まったく新しいコンセプトで、無から新たなカテゴリーを創り出すことである。事実、大成功した商品を見ると、無から時流を創り出しているものが多い。「カップヌードル」「ウォークマン」「ウォシュレット」「宅急便」「スターバックス」「ｉＰｈｏｎｅ」など。

これらの商品によって、それまでまったく見られなかった新しいライフスタイルが生まれ、人々の生活様式が大きく変わった。これこそ、マーケティングの醍醐味であり、マーケティング担当者にとっての最高の勲章でもある。

message 65

ブランドのことは忘れなさい。まず、カテゴリーを考えることだ

"Forget the brand. Think categories."(The 22 Immutable Laws of Marketing)

■ブランドよりもカテゴリー

ブランドは差別化をするための有効な手段の1つである。しかし、どうしたら自社のブランドを選んでもらえるかというブランド志向的な考え方に対して、「**ブランドのことは忘れなさい。まず、カテゴリーを考えることだ**」とライズとトラウトは反論している。

新しいブランドを成功させるためには、新しいカテゴリーを創造し、そこに先駆者として一番乗りし、リーディングブランドとして認知されなければならない、とライズとトラウトは指摘する。

さらに、**そのカテゴリーの代名詞となり得るようなブランド名を選び、同時に、ブランドではなく、そのカテゴリーの効用を広く普及させ**

ることによって、カテゴリー自体を拡大することだ、と述べている。

カテゴリーが拡大すれば、自ずとリーディングブランドであるそのブランドの知名度も売り上げもアップする。

■「ドライビール」というカテゴリーを創り出して大成功

新しいカテゴリーを創り上げることにより業界トップに躍り出たのがアサヒビールであることは多くの人の知るところである。１９７０年代から８０年代前半にかけて、ビールと言えばキリンのラガービールが出てくるほどキリンビールの独断場であり、そのシェアは60％を超えるほどで、まさにビールの王者として君臨していた。

一方、アサヒビールは１９８０年代半ばにはシェアが10％を割り込み、極端な販売低迷に喘いでいた。このような中、「苦味があって重い味」のラガービールに対して、「ドライビール」という新しいカテゴリーを創り出し、そこに「アサヒスーパードライ」という新しいブランドを投入した。１９８７年のことである。

ＣＭでは、「飲むほどにDRY、辛口、生」と謳い、商品よりもむしろ、それまで存在しなかったまったく新しいカテゴリーを大々的に宣伝した。それにより、ドライビール自体がブームとなって拡大し、ドライビールはビール市場において確固たる地位を築くのである。

競合もアサヒビールに負けじと、次々とドライビール市場に参入した。これに対して、アサヒビールは新聞各紙に「この味が、ビールの流れを変えた」と訴える広告を掲載し、「アサヒスーパードライ」がドライビールの一番手であり、かつリーディングブランドであることをビール愛飲家に明確に示すことにより、名実ともにカテゴリーの代名詞となったのである。

その後の「スーパードライ」の躍進は驚異的であり、キリンビールが圧倒的なシェアを持っていたビール市場は大きく変わり、発売から10年後の1997年には「スーパードライ」が商品別でビール市場のトップブランドとなり、翌1998年にはアサヒビールのシェアがビール市場でトップを占めるまでに至ったのである。

message 66

商標の"色"は競合とは対照的なものを選ぶ

"There is a powerful logic for selecting a color that is the opposite of your major competitors."(The 22 Immutable Laws of Branding)

■競合と差別化できる色を選ぶ

「スターバックスコーヒーのロゴの色は？」と問われたら何色を思い浮かべるだろうか。多くの人は緑と答えるだろう。逆に言えば、遠くからでもスターバックスコーヒーの緑のロゴが見えると、一瞬で〝スタバ〟と識別できる。このように、**企業や商品のロゴマークなどマーケティングに欠かせない商標の〝色〟は差別化を助長するという意味で重要な役割を果たしている。**

〝色〟には、それぞれ意味がある。企業や商品の商標に最も多く使われている〝赤〟は、情熱的で行動力のある色と言われている。次に多く使われているのが〝青〟で、赤とは対照的に冷静で知性的と言われている。

それぞれの色の特性や印象、心理的効果などを理解し、企業や商品のイメージと合う〝色〟を選ぶのが一般的とされているが、ライズはこの考えに反対している。**超競争時代では、〝色〟の特性や印象から適するものを選ぶよりも、差別化が明確にできるような色を選ぶ方がより重要である、**と指摘する。**競合とは対照的な〝色〟を選ぶ方が合理的であり、自由に〝色〟を選べるのはリーダーだけである、**と付け加える。

航空業界において、JALの〝赤〟に対してANAの〝青〟。同じようにビール業界においてライバル関係にあるキリンビールとアサヒビールは、前者が〝赤〟で後者が〝青〟である。ところが、アサヒビールは、1986年にロゴマークを一新する以前は、赤を基調に使用していた。アサヒビールのブランドステートメントが「その感動を、わかちあう。」であることを考えると、〝赤〟の方が適しているようにも思えるが、リーダーであるキリンビールがすでに〝赤〟を使用していたことを考慮すると、競争志向の立場から見た場合〝青〟を選択したのは賢明であったと思われる。〝青〟に変更した後のアサヒビールの大躍進は、単なる偶然の一致では済まされないだろう。

■〝色〟はマーケティング上ますます重要に

さらに、〝色〟は単色で、かつその色を長期間使用することにより、視覚的に強力な存在感を築きあげることができると指摘している。アメリカの宝飾品店として有名なティファニーは袋や包装などに一貫して「ティファニーブルー」という水色を使っている。ティファニーの広告には「心躍り出す、ブルーのサプライズ」と書かれており、女性の間ではその水色の包みを見ただけで中にティファニーの素晴らしい宝飾品が入っていることがわかり、大喜びするのだという。

欧米では〝色〟を積極的に商標登録している企業が多く見られる。日本でも2015年から「色彩」を商標として登録できるようになり、**差別化の要因として〝色〟がますます重要となってくる。**

message **67**

人間の心は、目によってではなく耳によって動く

"We have come to the conclusion that the mind works by ear, not by eye."(The New Positioning)

■「百見は一聴にしかず」？

「百聞は一見にしかず」という諺がある。他人から何度話を聞くよりも、実際に一度でも自分の目で見た方がよくわかるという意味である。

では、「耳から」と「目から」では、どちらが人間の心に強烈な印象を与えるのだろうか。

『産業教育機器システム便覧』（日科技連出版社刊）によると、外部の情報を知覚する割合は、視覚83・0％、聴覚11・0％、臭覚3・5％、触覚1・5％、味覚1・0％と言われ、視覚からの情報が圧倒的な影響力を持つと考えられている。

そのため、「目から」というのが常識のようになっている。

ところが、トラウトは長年のコンサルティング経験と専門家への取材を通して、「**人間の心は、**

目によってではなく耳によって動く」という結論に達した。そして、話を聞いた専門家の一人であるワシントン大学のエリザベス・ロフタス博士の実験結果を紹介している。

■視覚よりも聴覚に訴えよう

ある実験で、一連の単語を聴覚による（テープレコーダーによる）方法と視覚による（スライドによる）方法で被験者に示した。どちらの方法により、被験者はより多くの単語を覚えていたかというと、前者の聴覚による方法だった。このような実験から、博士は多くの点で聴覚が視覚より優れていると述べている。

また、繰り返し行われた別のある実験では、目からの情報は、それが写真であれ文字であれ、意味を理解していなければ、１秒後には記憶から消え失せてしまう一方、耳からの情報は、その４～５倍もの間記憶に残っているという結果が得られた。さらに、音声にリズムやトーンをつけることにより、感情的なインパクトを与えることもできる。

だからと言って、視覚による方法が重要な役割を果たしていないと言っているわけではない。もちろん重要な役割を担っている。ただし、あくまで補強的に利用されるべきで、**牽引すべきは聴覚による方法である**、とトラウトは忠告している。

総合ディスカウントストア「ドン・キホーテ」の店内放送で繰り返し流されるテーマ曲「ドンドンドンドン ドンキー ドン・キホーテ……」を聞いたことのある人は、買い物が終わって店の外に出てからも、この曲のメロディーが耳に残って離れないという経験をしたのではないだろうか。

聴覚による伝達方法は想像以上にパワフルであり、メロディーを聞いただけで、昔のCMであっても、その企業や商品がすぐに思い浮かぶことも珍しくない。それだけ心の奥底に根づいている。久光製薬はテレビCMで流れる「ヒ・サ・ミ・ツ」のメロディーを音の商標として50カ国以上で登録している。

「百聞は一見にしかず」という諺が、常に正しいとは限らない。

message 68

二点間を最短の直線で結ぶことが、必ずしも最良の戦略ではない

"In positioning, the shortest distance between two points is not necessarily the best strategy."(Positioning)

■最短ルートは必ずしも効率的ではない

二点間の最短距離は、その二点を結ぶ直線の長さである。したがって、目標地点まで最も早く到達する方法は、まっすぐな最短ルートを行くことだ。しかし、この数学の定理がすべてにおいて当てはまるとは限らない。

ライズとトラウトは言う。

「ポジショニングにおいて、二点間を最短の直線で結ぶことが、必ずしも最良の戦略ではない」

つまり、最短ルートを通って目標地点までいち早く到達しようとする策は、見込み客の心の中に確固たるポジションを築き上げる上で必ずしも優れた戦略とは限らないということだ。

最短ルートは他者（マーケティングでは他社あるいは他の商品）が開拓し、すでに占有され

てしまっているかもしれない。目標地点まで早く到達するために、他社が築き上げたその最短ルートを利用することは手っ取り早い方法である。だが、それはあくまで他社のルートであり、自社が創り上げた独自ルートではない。

■「急がば回れ」もまた真実

ある大手ビールメーカーが、安定した生産・販売をいち早く見込めるとして、国内最大手のコンビニエンスストアに国内メーカーとして初めてＰＢ（プライベート・ブランド）ビールを供給した。

初年度に高い売上目標を設定して好調な滑り出しを見せたが、いつの間にか棚から姿を消してしまった。ＰＢブランドでは見込み客の心の中にそのビールの独自のポジションを築くことができなかったからだ。

「急がば回れ」が良い結果を生む場合も往々にしてある。

message 69

会社名より商品名を優先する

"Brand names should almost always take precedence over company names."(The 22 Immutable Laws of Branding)

■会社名はあくまで補足

商品を呼ぶ場合、基本的には次の3通りの方法がある。まず、**商品を提供している会社名で呼ぶケース**。コカ・コーラ（炭酸飲料）、太田胃散（胃腸薬）、ホッピー（焼酎割り飲料）、ハーゲンダッツ（アイスクリーム）などがその例である。次に、**会社名と商品名の両方を使って呼ぶケース**で、キューピーマヨネーズ、エバラ焼肉のたれ、亀田の柿の種、マルコメ味噌など。そして、**商品名だけで呼ぶケース**で、iPhone、ペッパー、ポッキー、ジョージア、伊右衛門などである。

会社名で呼ぶ場合に忘れてはならないのは、**会社名を使っても、買い物客が買うのは商品であり、会社ではないということだ**。社名がある特定の商品名として使われるとき、買い物客はその会社名を商品名として捉えている。コカ・コーラと言えば、赤茶色した甘い炭酸飲料を指すのであり、米国アトランタに本社があるグローバル企業を思い描くのは、コカ・コーラ社の社員か、その関連の人ぐらいだろう。

次に、会社名と商品名の両方が使用されるのは、その商品名が一般名称であり、他社もその商品名を同じように使用しているからである。焼肉のたれや味噌などは商品名ではなく一般名称であるため、ブランドとしては成り立たない。それゆえに会社名と商品名の両方を使わざるを得ないが、必ずしも得策とは言えない。**一般論として、商品名はできるだけ短く、そして記憶に残るものでありたい**。口コミで使われる場合などは特にそうである。

「**明らかにそれとわかる商品名がつけられるならば、買い物客は会社名などめったに使うものではない**」とライズは述べている。「新しいｉＰｈｏｎｅはどう？」とは言っても、「新しいアップルのスマートフォンはどう？」とはあまり言わない。

ただし、買い物客の中には、誰がその商品を製造し販売しているのか知りたいと思う人もいるかもしれない。何か問題が起こったときに製造元・販売元が責任をとれるのか、厳しい目で見ている。

これを解決する方法は、会社名と商品名の両方を併記することであるが、**あくまで主役は商品名である**。パッケージに併記する場合は、商品名の上か下に小さく会社名をつけることだが、会社名はあくまでも補足であり、商品名を大きくして優先することである。

■顧客は商品を買うのであり、会社を買うわけではない

商品名よりも会社名を前面に出して宣伝しているテレビのCMを目にすることがあるが、会社名は最後にわずかに出すぐらいでちょうど良い。買い物客は、商品を買うのであり、会社を買うのではない。**「会社名より商品名を優先すべき場合がほとんどだ」**とライズは述べている。

ソニーは、ＶＡＩＯ（バイオ）のパソコン事業をリストラの一環として投資ファンドに売却した。新会社は商品名と同じＶＡＩＯと命名され、ＳＯＮＹのロゴがなくなった。しかし、新会社が初めて作り上げた「ＶＡＩＯ　Ｚ」は予想以上の売れ行きを示した。見込み客は商品を買うのであり、会社を買うのではない。

message 70

まずゲームのルールを学び、そのルールを忘れるぐらい訓練を積むこと

"You have to start by learning the rules and then practice enough to forget them."(Marketing Warfare)

■無意識の内に行動できるか

参加したゲームに勝つためには、まずそのゲームのルールや原則を学ばなければならない。そして次に、そのルールと原則を頭と身体に叩き込み、実戦では無意識の内にそのルールと原則に基づいて行動できるようにすることだ。

つまり、一旦ゲームが始まれば、「**ルールをいちいち考えることなく、プレーできるようにならなければならない**」とライズとトラウトが述べるように、どのような状況の下でも的確な判断ができるようにならなければならない。このことは、ゲームが将棋や囲碁、スポーツであっても、あるいはマーケティングであっても、同じことである。

■優れたマーケティング担当者の条件

「まずゲームのルールを学び、そのルールを忘れるぐらい訓練を積むこと」とライズとトラウトは指摘する。

サッカーの試合中、どの場面でどのように守り、どのようなシュートを打つかなどいちいち頭で考えてプレーなどしていない。日々の練習で訓練しているため、身体が反射的に動く。マーケティングでも同じことであり、競合との戦いにどの戦法で臨むか、どの原則を使うべきかなどその都度自問するようではいけない。優れたマーケティング担当者は、ルールや原則を熟知しており、それらを一々考えることもなく的確な判断ができる。そのため、敵を倒すことに集中できるのだ。ルールや原則は無意識に使われるために学ばれる。

今日マーケティングを実践していく上での問題点は、ルールや原則を知らないことではなく、それらを学ばなければならないことを理解していないことだ。

message 71

マーケティングでは、努力不足で負けることはまずない

"The truth is, marketing battles are almost never lost from lack of effort."(Bottom-Up Marketing)

■撤退の見極めは早く行う

競合との戦いにおいて、綿密にマーケティング計画を立てたとしても、それが必ずしもうまく行くとは限らない。

戦況が悪くなったときに、最後まで戦うことは必ずしも得策ではない。超競争時代では、負け戦に経営資源をつぎ込む余裕などない。その事業からいち早く撤退し、少しでも損失を食い止めることが必要だ。

しかし、劣勢になっても、負けを認めることに強い抵抗を示すマーケティング担当者がいる。全員が一丸となり、ひたすらがんばり続ければ、まだまだ巻き返しの活路を見出せると信じているのだ。

■負けは負けとして素直に認める

ライズとトラウトは「マーケティングでは、努力不足で負けることはまずない」と述べ、戦いに敗れる主な理由を3つ挙げている。

①戦略が間違っている
②実力以上のことをしてしまった
③想定外のことが起こった

この他にマーケティングでは運もある。

劣勢となったときに、あまりにも早く見切りをつけてしまうことは、挽回の機会を放棄してしまう危険性もあることは事実だ。しかし、将来のことは誰も予測できない。

マーケティング担当者は、自分のメンツや根性論にこだわるのではなく、負けは負けとして素直に認め、その負けを次への教訓とするためにも、撤退する勇気を持ち、そのタイミングを間違わないことだ。

第7章

マーケティングも人生と同じ

chapter 7

message 72

人生は賭けであり、マーケティングもまた賭けである

"Life is a gamble. Marketing is a gamble."(Bottom-Up Marketing)

■人生は予想できない

これからの自分の人生がどうなるのか、それは誰にもわからない。不確定要素が多すぎて将来を正確に予測することなどできないからだ。

何年やっても売れないミュージシャン、いっこうに文壇に認められない作家、なかなか仕事がとれない役者。人生に迷うのは、何もこれら一部の人間に限ったことではない。誰でも今後の人生を思い悩むときがある。

もう少しやってみるか、あるいは、いっそのことあきらめて他の道に進むか。やってみなければわからない。まさに人生は賭けだと言ってよい。

■賭けだからこそ、マーケティングはおもしろい！

ライズとトラウトはこう述べる。

「人生は賭けであり、マーケティングもまた賭けである」

二人は**「マーケティングとは将来を競うゲームである」**と捉えているからだ。将来を競うマーケティングに、これをやればこうなるという方程式はない。完璧なマーケティング戦略もない。

「やってみなはれ、やらなわかりまへんで」（２０１５年7月5日付「読売新聞」日曜版）とは、サントリー創業者・鳥井信治郎の言葉である。

苦心の末に創り上げた戦略がうまくいかないとき、その戦略を継続するか、あるいは変更するか、大いに迷うときがある。そして、時にその決断が社運を左右する。

マーケティングもまた、人生と同じように賭けなのだ。だからマーケティングはおもしろい。

message 73

生き残りは人生においても
ビジネスにおいても
人間の本能である

"Survival is a powerful instinct in life and in business."(In Search of the Obvious)

■人間は必ずしも合理的ではない

人間は合理的に考え、行動しているように見えても、時に非常に非合理的に行動する。特に、自分が危機的状況に陥ったときは、普段冷静な人間でも理性などどこかへ吹き飛んでしまうことがある。

ライズとトラウトは「**生き残りは、人生においてもビジネスにおいても人間の本能である**」と述べている。

「溺れる者は藁《わら》をも掴む」という諺がある。溺れたときに藁を掴んでも何の役にも立たないが、危機的な状況に立たされ、どうにもならなくなると、合理的に考えればまったく役に立たないものにまですがって何とか助かろうとする意味である。

■ビジネスでは非合理性が優先されることが往々にある

ビジネスも同じこと。競合を攻撃するとき、相手企業が合理的な判断の下に反撃してくるだろうなどと思ってはならない。追い詰められれば、シェアを守るため、そして生き残っていくため、常識では考えられないような採算度外視の逆襲をしてくるかもしれない。「窮鼠《きゅうそ》猫を噛む」という諺のごとくである。

逆に、競合がより大きな企業であれば、理性ではなく、メンツにかけてでも潰しにかかってくるかもしれない。企業で指揮をとっているのは感情を持たない機械やコンピュータではなく、〝生身の人間〟だからだ。

マーケティングは生き残りをかけた戦いである。そこでは、**合理的であるよりも、本能的な非合理性が優先されることが往々にしてある。**

message 74

人生で成功するかどうかは、自分に何をしてもらえるかで決まる

“Success is something given to you by others. Only others can do that for you.”(Horse Sense)

■一人でできることには限界がある

「一緒に仕事をしてくれたそのときの仲間たちが支えてくれた。さらにそれぞれの組織の大きな支えがあったと思っている。私一人でできた仕事ではない」（2014年10月8日付「日本経済新聞」）

2014年ノーベル物理学賞を受賞した赤崎勇氏の会見での発言である。一緒に仕事をした仲間、そして所属した組織の支えに感謝した内容である。

ノーベル賞受賞者でなくても、多かれ少なかれ成功した人に共通しているのは、よき人との出会いである。自分の人生を決定づけるような人との出会いである。

「あの人のおかげで、今日の私がある」といっ

た類のコメントは、一度は耳にしたことがあるだろう。自分一人の力で人生を生きていくことなど到底できない。どんなに優秀な人でも自分にできることなど限られている。

■何でもできると自惚れてはならない

ライズとトラウトは、ビジネスだけではなく、生き方についてもいろいろとアドバイスをしている。そして「**人生で成功するかどうかは、自分に何をしてもらえるかで決まる**」と力説している。

自分の背中を押してくれる人、自分を導いてくれる人、自分の才能を最大限に発揮させてくれる人、自分が窮地に立ったときに助けてくれる人……。

自分のために何かをしてもらうことは一見受け身のように聞こえるが、このような人に出会い、このような人と親交を深めることが、人生で成功するための最大の要因となる。

何でも自分でできると自惚《うぬぼ》れている人は、やがてその限界を知るときが来る。

message 75

予想外の出来事が起こったとき、成功者はそれを最大限に利用する

"Accidents will happen. Successful people take advantage of accidents."(Horse Sense)

■ピンチはチャンス

どんなに綿密な計画を立てたとしても、予想外の事態はつきものだ。何かを成し遂げる直前に、予想もしない出来事が起き、頓挫してしまうこともよくある。しかし、成功した人、偉業を達成した人は、その予想外の出来事を否定的に捉えるのではなく、むしろチャンスとして受け止め、さらなる発展に変えてしまう。

ノーベル賞の受賞者が、その偉業達成の過程の中で思わぬ出来事や現象に遭遇したとき、尻込みするのではなく、それをむしろ肯定的に捉えることにより、世紀の大発見へとつながったという話を聞くことがある。

成功者は、大きな壁にぶつかっても、一見失敗したかのように、あるいは後戻りするかのよ

うに思える偶然の出来事の中に、その壁を乗り越える成功の糸口を見出し、前へ進んで行く。

■予想外の出来事を活かすも殺すも自分次第

ライズとトラウトは言う。

「**予想外の出来事が起こったとき、成功者はそれを最大限に利用する**」

逆に「**うまくいかない人は、自分自身で抱え込んでしまい、広い視野で見ようとしない**」と指摘する。

予想外の出来事は誰にでも必ず起こると思った方がよい。いや、実際に起こる。**その予想外の出来事を味方につけ、成功への礎にできるかどうかは、すべて自分自身にかかっている。**

message 76

言い訳を考えるな!

"Stop making excuses."(Horse Sense)

チャンスをつかめない人の特徴

誰にでもチャンスは巡ってくる。しかし、そのチャンスにうまく乗って成功している人が多いかと言えば、そうではない。

問題はまず、せっかくチャンスが目の前に現れても、それに気がつかないことだ。気がついたときには、チャンスはすでに過ぎ去ってしまっている。このようなことがないように、常にアンテナを張って目を光らせておくこと。そして、チャンスが到来したときには見逃さず、そのチャンスを自分のものにできるように、普段から準備をしておくことだ。

二番目の問題は、チャンスが目の前にあることがわかっていても、そのチャンスを自分のものにしようとせず、できない言い訳を探してしまうことだ。

「歳を取り過ぎている」「若すぎる」「恥ずかしい」「そんな能力などない」「時期尚早だ」「貧しすぎる」「遅すぎる」「経験が足りない」など、探せばいくらでも言い訳は見つかる。

■挑戦しなければ何も得られない

しかし、チャンスは一旦逃したら、もう二度とは戻ってこない。次があるなどと安易に期待してはならない。

「一生に一度のチャンスが巡ってきたら、とにかくやってみること。後ずさりして、言い訳を考えるな！」とライズとトラウトは激励している。

言い訳を考える暇があったら、まず挑戦してみることだ。

message 77

成功は、何を知っているかではなく、誰を知っているかにかかっている

"People have forgotten the classic definition of the road to success: It's not what you know that counts. It's who you know."(Horse Sense)

■成功するかどうかは他人の力による

一人の人間の知識量などたかが知れている。世の中知らないことの方が圧倒的に多い。

ライズとトラウトの人生哲学の根幹にあるのは「**自分一人の力だけで成功などあり得ない。成功するかどうかは、他人の力による**」という考え方だ。どんなに物知りで才能があっても、それらを発揮する機会が与えられ、またそれらが認められ評価されなければ、開花しない。

会社での昇進を決めるのは、自分ではなく上司であり、作家や画家の成功は、それを評価する評論家にかかっている。

政治家も同様。党の代表になるためには、まず代表選に立候補するための推薦人集めに奔走しなければならない。立候補者がどんなに政治

のことを熟知し、党をまとめて牽引していく才能に長けていても、推薦人が集まらなければ立候補すらできない。

■自分を引き上げてくれる人脈こそ大切

成功するためには、自分の知識や才能を活かして、引き上げてくれる立場の人が必要となる。人脈の大切さはここにある。

ライズとトラウトは言う。

「成功は、何を知っているのかではなく、誰を知っているのかにかかっている」

自分を過信してはならない。自分で何でも知っているなどと思い上がってはいけない。他人の力を信じること。自分を成功へ導いてくれるのは他人であり、その他人が誰であるかを知ることが成功への鍵となる。

message 78

成功のために大して重要ではないものの一つが能力だろう

"The brutal truth is that ability is one of the least important attributes for success."(Horse Sense)

■能力は二の次

企業でトップに昇進していく過程にはいくつもの紆余曲折がある。そして、能力のある者が必ずしもトップに昇進するわけではないことも事実である。

なぜなのか。「**企業は論理的に成り立っている組織ではない**」とライズとトラウトは指摘する。社員のあげた成果がきちっと報われているとは言い難く、また、社内の派閥争いに巻き込まれて、憂き目に遭わされることもある。さらには、企業が生き残るためには容赦なく社員のリストラも敢行される。

労働問題が専門の森清氏は、著書『仕事術』（岩波新書）の中で、総務や人事を担当しているある女性の発言を次のように紹介している。

「会社は有能な人間なんて求めていないですね。使いやすくて、ハイハイ言うことを聞いてくれ、捨てやすい人間がたくさんいてくれたほうがいい」

■企業ではエゴとうまくつきあうことが大切

さらに、長年企業の内部を見てきたライズとトラウトは、「**企業とは、社内の同期や先輩を出し抜いて昇進しようとする人間、あるいはその人間のエゴの集まりである**」と憂いている。企業内では、エゴとうまく付き合っていくことが重要であり、自分のエゴを抑えることも時に必要となる。

このような現実の中で、「**成功のために大して重要ではないものの一つが能力だろう**」とライズとトラウトは述べる。

能力は二の次と割り切った方が得策である場合も多い。

message 79

人生における成功は、受け入れることから始まる

"Success in life begins with acceptance."(Horse Sense)

■自分の力では変えられないことがある

ライズとトラウトは、**マーケティングで最も無駄なことの1つが、人の心を変えようとすることだ**と繰り返し述べている。一旦固まってしまった人の心は変えられない。これと同じように、人生においても変えられないものがある。

変えられないのであれば、そのことを悲観して嘆くよりも、それを受け入れ、むしろ最大限に利用する方が賢明である。

「**人生における成功は、受け入れることから始まる**」とライズとトラウトは述べている。

会社で、望まない部署や閑職に配属される、あるいは意に反して子会社に出向させられるときもある。これも、サラリーマンの宿命だ。

しかし、自分の力ではどうにも変えられない

ものを恨んでも始まらない。変えることができない、あるいは変えることが難しいのであれば、それを受け入れることだ。そのうえで、主体的に変えることのできるものの改革に取り組む。**変えることができるのは、まず自分自身の考え方だ。**

■成功するかどうかは自分の考え方を変えられるかにかかっている

平成28年1月、大相撲初場所で日本出身力士としては10年振りに優勝した琴奨菊は、平成23年秋場所に大関に昇進した後、優勝までの数年は筋肉断裂で全治3カ月の重傷を負うなど、けがに泣かされていた。それでも、稽古場に下りられないときは、上がり座敷で下半身を鍛えるなどして復活を目指した。力士としては致命的なけがを言い訳にするのではなく、すべてを受け入れ、気持ちを切り替えてできることから始めたからこそ、31歳になって3横綱を破って見事に優勝したのである。

このようなことはスポーツの世界に限ったことではない。企業の経営幹部の経歴を見ると、主流から外れて子会社に出向となるものの、そこで決意を新たに成果をあげ、それが評価されて後に本社に呼び戻され、役員さらには社長に抜擢されるようなケースも珍しくない。

受け入れるか入れないか、この違いが人生の成否を分ける。

message **80**

もう会社頼みは止めなさい

"You can't depend on the company to take care of you."(Horse Sense)

■かつての美徳は通用しない

日本企業の特徴を示す人事制度の一つとして「終身雇用制」がある。

就職してから定年まで、同じ会社に勤めることを基本とし、会社も定年まで勤める社員のために、寮、社宅、保養施設などを用意して手厚く対応してきた。中には、社墓まで用意した会社もあった。

社員が会社に自分の人生を託す代わりに、会社も定年までの雇用を保障した。しかし、経済環境が激変し、グローバルな観点から熾烈な競争へと巻き込まれ、大企業とていつ経営の危機に直面するかわからなくなった。

このような状況の中、かつては美徳とされた、勤勉、忍耐、忠誠は今や過去のものとなった、とライズとトラウトは指摘する。

■〝自分〟という商品をマーケティングする

先が見通せない状況で、何が起きるかわからない会社にいつまでもしがみついていては、成功どころか、路頭に迷うことになるかもしれない。それでは遅すぎる。

ライズとトラウトは「**企業も生き残りを賭けて必死にもがいている。もう会社頼みは止めなさい**」と忠告する。そして「**自分を雇われの身として考えるのではなく、むしろ商品として捉えることだ**」と続ける。

成功するためには、「自分」という商品をマーケティングしなければならない。

「**自分のキャリアは、会社の人事部長の手の中にあるのではない。自らの手の中にある**」ライズとトラウトの弁である。

message 81

人生で成功するために必要なのは、まさに変化だ

"But change-and often a jarring change-is exactly what's usually needed to become a big success in life."(Horse Sense)

■変化が自分を成長させる

人間は変化を嫌う。住み慣れた環境に安住しようとする。その方が楽だからだ。

多くの人は、その人の本来の力を発揮せずに終わってしまう。能力がないからでも、挑戦しないからでもない。変化を恐れて一歩踏み出す勇気がないからだ、とライズとトラウトは断言する。

「今までと同じことをやっていたのでは、今まで以上のことは得られない」とライズとトラウトは指摘し、さらに**「人生で成功するために必要なのは、まさに変化だ。それは自分にとって大きな苦痛とも言える変化であることも多い」**と主張する。

■変化を恐れてはいけない

自分の殻を破り、安住している世界から脱却し、自分が知らない未知の世界へ入っていくストレスに耐える意志を持っていなければならない。変化を恐れず、変化に果敢に立ち向かうだけの心の準備をしておかなければ、いつまで経っても夢は夢で終わってしまう。

「変わることは恐れない、変わることは進化すること」（２０１５年11月13日付「毎日新聞」）50歳になってもプロで投げ続けた元中日ドラゴンズ・山本昌投手の引退会見での発言である。

このような信条があったからこそ、48歳になっても新しい球種を覚えようとするなど果敢な挑戦が続けられ、誰よりも長くプロのマウンドに立ち続けられたのだ。

自分自身が変化（Change）することで機会（Chance）が生まれ、それに挑戦（Challenge）することで人間は進化する。

message 82

年齢や経験を重ねると、良いアイデアへの気づきが鈍くなるのが一般的だ

"Age and experience usually work against your ability to recognize a good product idea."(Horse Sense)

■年齢と経験は時に障害となる

歳を取ってくると、積み重ねた経験が邪魔をし、考えが柔軟ではなくなり、常識に縛られがちになる。「何でも知っている」という自負から、新しいアイデアがどんなに素晴らしいものであっても、それに気づかなくなることがある。

アップルの創立者であるスティーブ・ジョブズとスティーブ・ウォズニアックは、自らが制作した出来立てのコンピュータを、アタリ社とヒューレッド・パッカード社の幹部に持ち込み、買収を持ちかけた。しかし、2社ともから断られた。

その後も、ウォズニアックはヒューレッド・パッカード社の現場責任者に三度アプローチを試みたが、その年配の責任者は、ウォズニアッ

クは大学を出ておらず、コンピュータを設計するだけの公的な資格がないことを指摘するに止まった。

■成功は年齢とは無縁である

彼は、ウォズニアックに対する世間一般の常識に囚われ、彼ら二人が開発したコンピュータそのものの価値に気づかなかった、とライズとトラウトは指摘する。そして、「**年齢や経験を重ねると、良いアイデアへの気づきが鈍くなるのが一般的だ**」と続ける。

だからと言って、悲観することはない。ライズとトラウトは「**広い視野で、柔軟に人生を見るようにすれば、年齢的に遅すぎるということはない**」と述べ、「**成功は年齢とは無縁である**」と断言している。

message 83

退職するときに、背水の陣を布くことはない

"When you do leave, don't burn your bridges behind."(Horse Sense)

■「背水の陣」の覚悟は必要

「背水の陣を布け」という言葉がある。英語では「Burn your bridge behind you.」であり、直訳すると「背後の橋を焼き落とせ」となる。

失敗したときのことを考え、逃げ道をあらかじめ準備しておいて事に望むことを戒めた金言である。逃げ道があっては、本当の覚悟はできない。覚悟が定まらない者にとっては、後戻りできない背水の陣が必要となる。

しかし、ライズとトラウトは「**退職するときに、背水の陣を布くことはない**」と言う。一見矛盾しているように思えるが、決してそうではない。何らかの理由で会社を辞めて次の仕事に就くときは、それこそ背水の陣の覚悟がなければ務まらない。ライズとトラウトは、いつでも

逃げ出せる道を作っておけと言っているのではない。

■ 将来の可能性を自ら潰すな

目まぐるしく変わる経済環境の中で、企業の倒産、買収、経営陣の刷新、外部からの社長登用など、考えてもみなかった大きな変化が起こることも珍しくなくなった。経営陣が変わり、戻ってきてほしいと言われるかもしれない。そうでなくとも、辞めた会社の同僚が新しい仕事の協力者となることも十分にあり得る。どこでどうなるかなど、退職時にはわからない。

ライズとトラウトが意味する「背水の陣を布くことはない」とは、失敗したときのことを考えてではなく、何が起きるかわからない状況の中で、お世話になった会社との縁を切って、将来の可能性を自ら潰してしまう必要はないということだ。

退職するときは「**『お世話になりました。お元気で。これからも連絡を取り合いましょう』とだけ言っておきなさい**」とライズとトラウトはアドバイスしている。

巻末資料

アル・ライズ&ジャック・トラウト　主要著書の紹介

本書で取り上げたアル・ライズとジャック・トラウトのメッセージの主な出所である主要著書5冊について簡単に紹介しておく。本書を読み終わった後は、ぜひ彼ら自身の著書を読んで、理解を深めていただきたい。

『ポジショニング戦略』

(原題『positioning』)川上純子訳　海と月社刊

アル・ライズとジャック・トラウトを世界的に有名にした名著。商品や情報が氾濫している現代において、コミュニケーションそのものが問題となったことを指摘し、効果的なコミュニケーションを通して、顧客及び見込み客の心の中にどのように自社商品のポジションを築き上げていけばよいのかを具体例を使って詳しく説明している。

心の中に入っていく最も簡単な方法は、競合品よりも「より良い(Better)」商品ではなく、「新しい（New）」商品として位置づけることで、「業界初」「国内初」「世界初」など、一番手となることが何よりも重要だと説く。

人間の心の法則に基づいて行われる「ポジショニング」というコンセプトは、マーケティング界に大きな衝撃を与え、あのフィリップ・コトラーをして「マーケティング界に革命を起こした」と言わしめた。

1981年に刊行されて以来、世界中の多くのビジネスパーソンに読み継がれ、初版から20年を記念した特別版も刊行されるなど、マーケティングのバイブルである。

ちなみに、ポジショニングの対象は何も企業や商品だけではない。あなた自身でもあるのだ！

『マーケティング戦争　全米No.1マーケターが教える、勝つための4つの戦術』

（原題『MARKETING WARFARE』）酒井泰介訳　翔泳社刊

アル・ライズとジャック・トラウトは、本書でマーケティングを戦争にたとえ、マーケティングの本質とは企業間の戦いであり、人間のニーズやウォンツを満たすことではないと明言している。顧客志向を崇拝するマーケティング担当者にとっては、まさに衝撃の一冊だろう。

マーケティング戦争の戦場は、顧客のオフィス、スーパーマーケット、あるいはドラッグストアなど、目に見える特定の場所などではなく、人間の心の中であると指摘。武力戦争とは異なり、誰もまだ見たことのない戦場で行われる知的戦いこそ、マーケティング戦争に他ならないと述べている。

知的戦いであるマーケティング戦争の戦い方は1つではなく、むしろ4つあるとするのが彼らの考えだ。それぞれの企業では、経営資源、強み／弱み、経営目標などが異なるため、力の弱い弱小企業が、市場シェアトップの巨大企業と同じ戦い方をしても、うまくいくはずがない。

著者は、市場占有率によって企業を4つに分類し、それぞれのポジションでの戦い方を詳しく説明している。その上で、無暗にマーケティング戦争に突入するのではなく、4つの戦い方をしっかりと学び、どの戦い方をとるべきかをあらかじめ知ることが、何よりも重要だと釘を刺す。

クラウゼヴィッツの『戦争論』、ハートの『戦略論』、中国の古典である『孫子』など、古今東西の兵法書が未だに経営者やマーケティング担当者に読み継がれているが、本書は「現代版マーケティング兵法書」と呼ぶに相応しい一冊である。

『実戦ボトムアップ・マーケティング戦略』

（原題『Bottom-Up Marketing』）丸山謙治訳 日本能率協会マネジメントセンター刊

第1作目の『ポジショニング戦略』はコミュニケーションのテキストとして、第2作目の『マーケティング戦争』はマーケティングのテキストとして書かれているが、第3作目となる本書は、この2冊の原理を融合させて、第一線で活躍するビジネスパーソンを対象に、「現場ですぐに利用できる実践書」という位置づけで書かれている。

戦略や戦術という言葉はビジネスの世界では毎日のように耳にするが、戦略と戦術の両者の関係を理解しているマネージャーは多くはないと指摘する。このような実情を踏まえ、筆者の長年のコンサルティング経験から得た「戦術が戦略を決定する」という革命的な結論を基に、戦略立案のポイントとプロセスを具体的に順序立てて説明している。

「戦術が戦略を決定する」という一般の常識とはまったく逆の発想に当初疑問を感じる方も多いかもしれない。しかし、読み進むうちに、なぜこの順序がマーケティングにとって重要であり妥当なのかが理解できるはずである。

「まず戦略が存在し、その下にいくつかの戦術がある」という固定観念に囚われているマーケティング担当者にはぜひ読んでもらいたい一冊である。

日本語版には、アメリカの事例以外に、原文にはない日本の事例が本文の適所に入れられており、日本人の読者にも非常に読みやすくなっている。

『マーケティング22の法則　売れるもマーケ　当たるもマーケ』

（原題『The 22 Immutable Laws of Marketing』）新井喜美夫訳　東急エージェンシー刊

日本語のサブタイトルには、「売れるもマーケ　当たるもマーケ」とつけられている。それほど、マーケティングによって売れ行きが変わってくるということだろう。

筆者は、本書に述べられている22の原則を「マーケティング不変の法則」と呼んでいる。長年のコンサルティング経験と研究から、何が市場での成功と失敗を分けるのか。マーケティングに法則があることを認めようとしない人が多い中、彼らが発見した成果をまとめ上げたのが本書である。

いずれの法則もマーケティングにとっては重要であることには間違いないが、実際にこれらの法則に基づいてマーケティング活動を展開すると、組織内で思わぬあつれきを生むと筆者は警告している。

なぜなら、これらの法則の多くが、企業エゴ、世間一般の通念、そして顧客満足優先の経営姿勢などと真っ向から立ち向かうことになるからであると説明している。

しかし、そんなことは気にしていられない。企業が生き残るためには、ぜひとも必要な22の法則なのである。

『勝ち馬に乗る！　やりたいことより稼げること』

（原題『HORSE SENSE』）高遠裕子訳 阪急コミュニケーションズ刊

タイトルだけでは何の本だかよくわからないかもしれない。二人の著書としては論点がマーケティングそのものよりも処世訓に置かれている数少ない書であり、社会人、特に企業人として生きていく上での本音のアドバイスに満ちた実用書である。

勤勉、忍耐、忠誠心こそ企業人として必要な美徳である、と思っている人は多いはずだ。しかし、そんなことは過去のことであり、会社に頼ってなどいられないと二人は言い放つ。会社とて明日はどうなるかわからないからだ。さらに、自分のキャリアは、会社の人事部長の手の中にあるのではなく、自分自身の手の中にあると指摘する。自分のことは自分で面倒を見るしかない。

ここでも、マーケティングのときと同様、常識を覆すようなアドバイスが多数登場する。中でも本書で一貫して述べているのは、「成功に導いてくれるのは自分自身ではなく、他人だ」という考えである。つまり、自分で何ができるかではなく、自分に対して何をしてもらえるかによって人生での成功が決まるということだ。

他人の力を信じることであり、自分の能力は成功のためには大して重要ではないとズバリ指摘するあたり、いかにも著者らしい。

本書を読むと、常識に縛られ、言い訳を考えて尻込みすることがバカらしくなり、チャンスに向かって挑戦してみる気持ちにさせられる。

とにかく、生きる上で今まで当たり前だと教え込まれてきたことを、根底からひっくり返すアドバイスが至るところに見られる、ライズとトラウト流人生をしたたかに生き抜く指南書である。

あとがき

2011年、アル・ライズとジャック・トラウトの共著第3作目『Bottom-Up Marketing』（邦訳版タイトル『実戦ボトムアップ・マーケティング戦略』）を私が翻訳することになったとき、親交のあるジャック・トラウト氏に、日本の読者に向けての序文をお願いした。

彼は快く引き受けてくれ、3日後には序文を送ってくれた。

その序文を見て、私はある種の驚きと嬉しさを同時に覚えた。開口一番、ライズとトラウトの両氏が目指すマーケティング（彼らは「ボトムアップ・マーケティング」と呼んでいる）の真髄は「やる気」であると言い切ったからだ。

ジャック・トラウトと言えば、数多くの名だたる企業をクライアントに持つ世界的に著名なマーケティング戦略コンサルタントである。その彼の第一声が、マーケティングのコンセプトをあれこれこねくり回すのではなく、単刀直入に「ボトムアップ・マーケティングの真髄とは、一言でいえばやる気である」との宣言であった。

アル・ライズとジャック・トラウトを尊敬する私は、「これぞまさにトラウト節炸裂」と拍手を送ったのだが、アカデミックなマーケティングに傾倒している人からは、「学術的ではない」とむしろ批判を受けるかもしれない。
しかし、本書を最後まで読んでこられたみなさんには、彼の意味する「やる気」とは、ただひたすら頑張り続け、より一層の努力をすれば何とかなるという根性論ではないことを容易におわかりいただけると思う。

「困難にぶつかっても何とかやってみよう」という情熱、意気込みこそが、彼が述べる「やる気」なのである。そして、その情熱から知的競争志向の核となるアイデアが生まれる。優れたアイデアは、オフィスにいて現場から上がってくるデータや資料を見ても生まれはしない。本文で述べたように、現場に出向き、その現場の泥濘《でいねい》の中に身を置き、身体全体で現実を体感しなければ、アイデアの基となるインスピレーションは得られない。

自ら進んで現場に足を運び、汗をかき、泥まみれになって底辺から積み上げていく情熱がなければ、知的競争マーケティングを実践することなどできないのだ。

今後ますます厳しさを増すマーケティングに臨むにあたり、理論が常に優先するような頭でっかちなビジネスパーソンには決してなっていただきたくない。フットワークが軽く、現場を熟知した行動派のビジネスパーソンこそ、ライズとトラウトが一貫して理想としている姿であり、発想の転換を見事に成し遂げた姿そのものと言える。本書を通してこのことを理解していただければ、筆者としてまさに本望である。

本書の執筆にあたり、今回も恩師ジャック・トラウト氏と秘書のアン・シェラー女史にご協力をいただいた。たいへん光栄なことであり、感謝の念に堪えない。また、私のマーケティング活動を日々ご支援くださる株式会社サンオクスの太川玉緒代表取締役社長にも、感謝の意を表したい。さらに、総合法令出版株式会社編集部の田所陽一様には、出版にあたり多大なるご尽力をいただいた。改めて御礼申し上げる。

最後に、いつも温かく私を支えてくれる妻・瑞穂に、心より感謝して筆を置く。

参考文献

全章を通してアル・ライズ及びジャック・トラウトの次の著書を主に参考にさせていただいた。

『Positioning』McGraw-Hill,Inc. 1981（邦訳版『ポジショニング戦略』川上純子訳　海と月社刊）

『Marketing Warfare』McGraw-Hill,Inc. 1986（邦訳版『マーケティング戦争　全米No.1マーケターが教える、勝つための4つの戦術』酒井泰介訳　翔泳社刊）

『Bottom-Up Marketing』McGraw-Hill,Inc. 1990（邦訳版『実戦ボトムアップ・マーケティング戦略』丸山謙治訳　日本能率協会マネジメントセンター刊）

『Horse Sense』McGraw-Hill, Inc. 1991（邦訳版『勝ち馬に乗る！　やりたいことより稼げること』高遠裕子訳　阪急コミュニケーションズ刊）

『The 22 Immutable Laws of Marketing』HarperBusiness 1993（邦訳版『マーケティング22の法則売れるもマーケ当たるもマーケ』新井喜美夫訳　東急エージェンシー刊）

『The New Positioning』McGraw-Hill, Inc. 1996（邦訳版『ニューポジショニングの法則』新井喜美夫訳　東急エージェンシー刊）

『Differentiate or Die』John Wiley & Sons, Inc. 2000（邦訳版『独自性の発見』吉田利子訳　海と月社刊）

『The 22 Immutable Laws of Branding』HarperBusiness 2002（邦訳版『ブランディング22の法則』片

平秀貴訳　東急エージェンシー刊）
『Trout On Strategy』McGraw-Hill, Inc. ２００４（邦訳版『無敵のマーケティング　最強の戦略』高遠裕子訳　阪急コミュニケーションズ刊）
『In Search of the Obvious』John Wiley & Sons, Inc. ２００８

アル・ライズとジャック・トラウトは、他にも数多くの書を記し、邦訳版も出ているので、ぜひ読まれることを勧める。

また、アル・ライズ&ジャック・トラウトの著書以外にも次の書も参考にさせていただいた。お礼申し上げる。

『秋山真之戦術論集』（戸高一成編　中央公論新社刊）２００５年
『買わされる「名付け」10の法則』（則定隆男　日経プレミアシリーズ）２０１０年
『キャッチフレーズの戦後史』（深川英雄　岩波新書）１９９１年
『競合と戦わずして勝つ戦略』（丸山謙治　日本能率協会マネジメントセンター刊）２００８年
『コトラー、アームストロング、恩藏のマーケティング原理』（F・コトラー、G・アームストロング、恩藏直人　丸善出版刊）２０１４年
『産業教育機器システム』（教育機器編集委員会編　日科技連出版社刊）１９７２年

『仕事術』（森清　岩波新書）1999年
『スカリー　世界を動かす経営哲学』（ジョン・スカリー著　会津泉訳　早川書房刊）1988年
『選択の科学』（シーナ・アイエンガー著　櫻井祐子訳　文藝春秋刊）2001年
『脱「顧客志向」のマーケティング』（江尻弘　日本経済新聞社刊）1986年
『知将秋山真之』（生出寿　光人社刊）2009年
『伝説の名参謀　秋山真之』（神川武利　PHP文庫）2000年
『パラダイムの魔力』（ジョエル・バーカー著　仁平和夫訳　日経BP社刊）1995年
『ブランド・エクイティ戦略』（デービット・アーカー著　陶山計介他訳　ダイヤモンド社刊）1994年
『ポストモダンマーケティング』（スティーブン・ブラウン著　ルディー和子訳　ダイヤモンド社刊）2005年
『「分かりやすい説明」の技術』（藤沢晃治　講談社ブルーバックス）2002年
『Beyond Disruption』（Jean-Marie Dru, John Wiley & Sons, Inc.）2002年
『Why they buy』（R. Settle & P. Alreck, John Wiley & Sons, Inc.）1986年

その他、本文中の事例の執筆にあたっては、各企業のホームページ及び新聞・雑誌記事を参考にさせていただいた。ここに厚く御礼申し上げる。

【著者紹介】

丸山謙治（MARUYAMA KENJI）

カリフォルニア大学バークレー校エクステンション認定マーケター
1957年生まれ。慶応義塾大学経済学部卒業。株式会社リクルート勤務を経て、攝津板紙株式会社（現レンゴー株式会社）に入社。米国デンバー大学ビジネススクールに社費留学した後、シリコンバレーの米国企業に出向し、マーケティング業務に従事。帰国後も米国系企業の取締役マーケティング本部長を歴任する。現在、株式会社サンオクスにてゼネラルマネージャーとして主に新規事業のマーケティング戦略を担当する。世界的に有名な戦略コンサルタントであるジャック・トラウト氏と親交があり、氏の競争志向型マーケティングを日本で提唱する第一人者として、セミナーや社員研修などの講師も務める。著書に『競合と戦わずして勝つ戦略』、訳書に『実戦ボトムアップ・マーケティング戦略』（いずれも日本能率協会マネジメントセンター刊）がある。

競争としてのマーケティング

2016年11月7日　初版発行

著　者　丸山謙治
発行者　野村直克
発行所　総合法令出版株式会社
〒103-0001　東京都中央区日本橋小伝馬町15-18
ユニゾ小伝馬町ビル9階
電話 03-5623-5121（代）

印刷・製本　中央精版印刷株式会社

落丁・乱丁本はお取替えいたします。

ISBN 978-4-86280-527-0
総合法令出版ホームページ　http://www.horei.com/